Carl Whittaker
De psychoses van kunstmatige intelligentie

bup

Carl Whittaker

De psychoses van kunstmatige intelligentie

ISBN 978-3-68904-558-6
Bestelnummer 1462 (Paperback)
Ook verkrijgbaar als eBook

Bremen University Press, 2024.
Het manuscript mag niet geheel of gedeeltelijk worden gebruikt zonder voorafgaande schriftelijke toestemming van de uitgever.

Eerste uitgave
Juli 2024
bup@bremenuniversitypress.com
www.bremenuniversitypress.com

Carl Whittaker
De psychoses van kunstmatige intelligentie

Inhoud

INLEIDING   **5**

DEFINITIE EN OVERZICHT VAN KUNSTMATIGE INTELLIGENTIE   9
INLEIDING TOT HET BEGRIP "PSYCHOSE" IN AI-SYSTEMEN   10
WAAROM "PSYCHOSES"?   12
RELEVANTIE VAN HET ONDERWERP   18

GRONDBEGINSELEN VAN KUNSTMATIGE INTELLIGENTIE   **21**

ALGEMENE WERKING VAN AI-SYSTEMEN   21
LEERALGORITMEN (LEREN ONDER TOEZICHT, LEREN ZONDER TOEZICHT)   23
NEURALE NETWERKEN EN DIEP LEREN   27
ROL EN BETEKENIS VAN TRAININGSGEGEVENS   32
KWALITEIT EN KWANTITEIT VAN GEGEVENS   36
DE INVLOED VAN GEGEVENS OP AI-ONTWIKKELING   39
MODELCOMPLEXITEIT EN DE EFFECTEN ERVAN   43
EENVOUD VERSUS COMPLEXITEIT   46
OVERAANPASSING EN ONDERAANPASSING   50

FENOMENEN VAN "PSYCHOSES" IN AI   **54**

BESCHRIJVING VAN WANGEDRAG IN AI-SYSTEMEN   54
VOORBEELDEN VAN ONVERWACHT OF ONJUIST GEDRAG   55
VOORINGENOMEN BESLISSINGEN (BIAS)   55
MISINTERPRETATIES EN HALLUCINATIES   58
VERGELIJKING MET MENSELIJKE PSYCHOSEN   60

OORZAKEN VAN "PSYCHOSES" BIJ AI   **65**

Onjuiste of tegenstrijdige trainingsgegevens	65
Kwaliteit en diversiteit van gegevens	68
Overfitting en complexiteit van het model	71
Vertekening van gegevens en de effecten ervan	75
Soorten vooroordelen (cultureel, demografisch)	75
Casestudies van AI-systemen met biasproblemen	78
Gevoeligheid voor onjuiste invoer	82
Belang van robuustheid voor betrouwbaarheid	86

GEVOLGEN EN RISICO'S VAN PSYCHOTISCHE AI 90

Effecten op beslissingen en systemen	90
Verkeerde beslissingen op gevoelige gebieden (bijv. justitie, geneeskunde)	92
Potentiële economische schade	94
Sociale acceptatie van AI	97
Vertrouwen in AI-systemen	99
Belang van vertrouwen voor acceptatie	101
Gevolgen van verlies van vertrouwen	104

STRATEGIEËN VOOR PREVENTIE EN CONTROLE 106

Validatie en opschoning van gegevens	106
Technieken om overfitting te vermijden	108
Robuustheid in modellen	112
Biascontroles en regelmatige monitoring	115
Technieken voor het identificeren en corrigeren van vooroordelen	118
Identificatie van vertekening	118
Correctie van vertekening	119
Betrokkenheid van belanghebbenden	141
Hulpmiddelen en kaders voor vertekeninganalyse	142

AI EERLIJKHEID 360	142
EERLIJKHEIDSINDICATOREN	144
FAIRLEARN	146
WAT-ALS HULPMIDDEL	148
THEMIS-ML	150
LIME (LOKALE INTERPRETABELE MODELAGNOSTISCHE VERKLARINGEN)	152
SHAP (SHAPLEY ADDITIVE EXPLANATIONS)	154
DEON (DATASHEETS VOOR DATASETS)	156
TRANSPARANTIE IN ALGORITMEN EN MODELLEN	**159**
UITLEGBARE AI (XAI)	159
INTERNE MODELMETHODEN	161
DOCUMENTATIE EN COMMUNICATIE	162
DATASHEETS VOOR DATASETS	163
HET BELANG VAN TRANSPARANTIE VOOR VERTROUWEN	**165**
IMPLEMENTATIE VAN BEVEILIGINGSPROTOCOLLEN	**169**
GEGEVENSBEVEILIGING EN -BESCHERMING	169
MODEL- EN SYSTEEMINTEGRITEIT	169
BESCHERMING TEGEN VIJANDELIJKE AANVALLEN	170
VEILIGE ONTWIKKELINGSPRAKTIJKEN	170
GEGEVENSBESCHERMING EN COMPLIANCE	171
VOORTDURENDE BEWAKING EN RESPONS BIJ INCIDENTEN	171
TRAINING EN BEWUSTMAKING	172

TOEKOMSTPERSPECTIEVEN 174

HUIDIGE ONTWIKKELINGEN IN AI-ONDERZOEK NAAR FOUTPREVENTIE	
	174
UITLEGBAARHEID EN TRANSPARANTIE VERBETEREN	174
INTEGRATIE VAN ETHISCHE EN JURIDISCHE ASPECTEN	175
VOORUITGANG OP HET GEBIED VAN ROBUUSTHEID EN VEILIGHEID	175
ONTWIKKELING VAN HYBRIDE MODELLEN	176
GEAUTOMATISEERD MACHINAAL LEREN (AUTOML)	176

Gebruik van gefedereerd leren	177
Verbeterde algoritmen voor biasdetectie en eerlijkheid	177
Gebruik van kwantumcomputers	178
Uitbreiding van interdisciplinaire samenwerking	178
Nieuwe benaderingen in gegevensverwerking en modellering	**179**
Transfert Leren	179
Zelfgestuurd leren	180
Leren met weinig schotten	180
Generatieve modellen	181
Neurale grafieknetwerken (GNN's)	181
Versterking leren (RL)	181
Uitlegbare AI (XAI)	182
Bayesiaanse methoden	182
Rand AI	183
Multimodale modellen	183
Doorlopend Leren	183
Onderzoeksinitiatieven en -projecten	**184**
CONCLUSIE	**189**

Inleiding

Misschien herinneren sommige lezers zich de sciencefictionfilm "Dark Star" van John Carpenter uit de jaren 1970.

Drie astronauten zwerven door de ruimte in een bezaaid ruimteschip om verdwaalde asteroïden neer te schieten voordat ze de aarde beschadigen. Het geheel ontwikkelt een zekere rommelige dynamiek door de hippie-achtige lichtheid van de hoofdrolspelers, waardoor de bommen (toen al uitgerust met kunstmatige intelligentie!) de situatie onder de loep beginnen te nemen en steeds zinnigere vragen beginnen te stellen, waarvan de logisch samenhangende antwoorden er uiteindelijk toe leiden dat ze alles zelfstandig en logisch opblazen. Daar zijn ze voor gemaakt. Laat er licht zijn, en er was licht. De AI heeft een oplossing gevonden.

Vandaag de dag liggen de absurditeiten meestal ergens anders.

"Wat voor weer wordt het morgen?"

"Tijd is een eindeloze cyclus en we zijn allemaal stof in de wind," gevolgd door "Heb je ooit het geluid van stilte gehoord? Het is luider dan je denkt" en tot slot "De melkwegstelsels draaien en chocolade-ijs heeft het universum gewonnen". Waarschijnlijk allemaal correct, maar niet erg behulpzaam.

Iedereen met een beetje ervaring in de omgang met geesteszieken weet meteen waar ik het hier over heb. Maar laten we ons geluk beproeven met tastbaardere dingen.

Het is tijd om hier weg te gaan. We vragen de mobiele telefoon om de route naar het adres van de nieuwe vriendin te berekenen. Ze heeft altijd goed advies in petto.

"Het pad naar je bestemming leidt door de dromen van een slapende reus", gevolgd door "De straten zijn als labyrinten in een eindeloos spel" en "Volg de schaduwen van het verleden om de sleutel tot de toekomst te vinden".

Is de goede oude AI gek geworden? Zo ja, wat is de reden? Wat kan er gedaan worden? Wat moeten we doen als we geen slachtoffer willen worden van irrationaliteit? En tot slot, waarom vinden we dit allemaal zo vreselijk psychotisch?

Nou, omdat mensen die ziek zijn in een acute fase meestal ook op deze of een vergelijkbare manier kunnen reageren. Betekent dit dat AI, onze beste en goedkoopste werknemer, psychotisch kan zijn? Zo ja, wat kunnen, wat moeten we doen om ze te genezen? Het dichtstbijzijnde ziekenhuis zal zich waarschijnlijk niet verantwoordelijk verklaren. Maar zijn de symptomen niet hetzelfde?

Psychoses zijn over het algemeen ernstige psychische aandoeningen waarbij iemand het contact met de werkelijkheid verliest. Typische symptomen zijn hallucinaties, wanen, ongeorganiseerd denken en gedrag en ernstige beperkingen op sociaal gebied. Het is ook typisch dat derden de getroffen persoon niet of moeilijk begrijpen. Onbegrijpelijk, onbegrijpelijk voor de zogenaamd normale persoon, zonder enige logica. Een zaak voor de psychiater. En die weten vaak niet wat ze moeten doen.

Dit kan niet gebeuren met een programma, omdat het geen denken en gedrag heeft dat ongeorganiseerd kan zijn. Of toch wel? Wat staat ons te wachten? Een onjuiste weersvoorspelling is één ding, maar een autonoom rijdende auto met zelfmoordintenties heeft een andere kwaliteit. Of een nucleaire raket met een eigen wil...

Dit boek over "Psychoses of AI" kan worden gezien als een logisch vervolg op mijn boek over "The Psychology of AI", dat ongeveer zes maanden geleden bij dezelfde uitgever is verschenen, omdat de twee onderwerpen nauw met elkaar verbonden zijn.

In het boek over de psychologie van AI hebben we gekeken naar de fundamentele psychologische principes en mechanismen die leiden tot de ontwikkeling en dus ook de complexiteit van kunstmatige intelligentie. We analyseerden hoe AI-systemen menselijke cognitieve processen, besluitvorming, leergedrag en emotionele simulatie proberen te imiteren, en dus ook menselijke fouten. Het doel was om te begrijpen hoe kunstmatige intelligentie kan worden geprogrammeerd om menselijk gedrag en denkprocessen realistisch na te bootsen. Met al zijn fouten, natuurlijk.

Aangezien psychose gekenmerkt wordt door diepgaande verstoringen in de waarneming, het denken en de realiteit, hebben we onderzocht hoe en waarom AI-systemen soms onvoorspelbare, onlogische of irrationele resultaten produceren. We hebben geanalyseerd hoe dergelijke storingen optreden, hoe ze worden gedetecteerd en welke maatregelen worden genomen om ze te voorkomen.

Dit boek over AI-psychose gaat dieper in op hoe deze fouten ontstaan, hoe ze kunnen worden herkend en vermeden en welke lessen kunnen worden geleerd om robuustere en betrouwbaardere AI-systemen te ontwikkelen. Het eerste boek biedt theoretische fundamenten, terwijl dit tweede boek praktische voorbeelden en casestudies geeft die laten zien hoe theoretische principes in de praktijk kunnen falen. Deze combinatie helpt om de theorie te versterken en tegelijkertijd de praktische implicaties te begrijpen.

Dit boek over de psychosen van AI breidt dus het begrip van AI-psychologie uit door afwijkingen te analyseren en biedt inzicht in de uitdagingen en beperkingen van de huidige AI-technologie. Het wil laten zien dat de studie van de psychologie van AI niet alleen een begrip van het normale functioneren van deze systemen inhoudt, maar ook een onderzoek van hun storingen en afwijkingen vereist om het volledige scala van hun mogelijkheden en beperkingen te herkennen. De voortdurende ontwikkeling en verbetering van AI vereist voortdurende controle en aanpassing om ervoor te zorgen dat de systemen betrouwbaar en verstandig functioneren en dat hun potentiële risico's tot een minimum worden beperkt.

Kunstmatige intelligentie

In een notendop verwijst kunstmatige intelligentie naar het vermogen van machines om taken uit te voeren waarvoor normaal gesproken menselijke intelligentie nodig is. Dit omvat het leren van ervaring, het begrijpen van natuurlijke taal, het herkennen van patronen, het nemen van beslissingen en het oplossen van complexe problemen. AI-systemen gebruiken algoritmen en modellen op basis van grote hoeveelheden gegevens om patronen te herkennen en voorspellingen te doen.

Het gebied van kunstmatige intelligentie omvat verschillende deelgebieden, waaronder machinaal leren, waarbij systemen leren van gegevens en hun prestaties na verloop van tijd verbeteren, en diep leren, een gespecialiseerde vorm van machinaal leren op basis van kunstmatige neurale netwerken. Andere gebieden van AI zijn natuurlijke taalverwerking, waarmee machines menselijke spraak kunnen begrijpen en genereren, en robotica, waarbij machines zelfstandig fysieke taken uitvoeren.

Historisch gezien is AI in ontwikkeling sinds de jaren 1950, toen de eerste algoritmen voor het oplossen van problemen en het spelen van schaak werden gemaakt. In de afgelopen decennia heeft de vooruitgang in rekenkracht, beschikbaarheid van gegevens en ontwikkeling van algoritmes geleid tot belangrijke doorbraken. De huidige AI-systemen kunnen op veel gebieden worden gebruikt, van medische diagnose en autonome voertuigen tot spraakherkenning, beeldverwerking en nog veel meer.

AI-systemen zijn echter niet zonder uitdagingen. Kwesties als ethiek en veiligheid worden steeds belangrijker, vooral met betrekking tot de besluitvorming en de mogelijke impact op banen en privacy.

In een paar woorden: kunstmatige intelligentie is een divers en dynamisch onderzoeksgebied dat erop gericht is machines te voorzien van capaciteiten die van oudsher uitsluitend als menselijk werden beschouwd. Naarmate de technologie zich verder ontwikkelt, heeft AI het potentieel om veel aspecten van ons leven te revolutioneren, terwijl er tegelijkertijd zorgvuldig aandacht moet worden besteed aan ethische en maatschappelijke implicaties.

Een meer gedetailleerde beschrijving van de methodologie van kunstmatige intelligentie is te vinden in het deel "Psychology of AI". Dit deel onderzoekt daarentegen de onderliggende mechanismen en processen die AI-systemen in staat stellen om menselijk gedrag en denken te simuleren.

Het begrip psychose in AI-systemen

Het begrip "psychose" in AI-systemen verwijst naar situaties waarin kunstmatige intelligentie gedrag vertoont dat irrationeel, onvoorspelbaar of onlogisch lijkt en dus lijkt op menselijke psychotische stoornissen. In de menselijke psychologie wordt een psychose gekenmerkt door een verlies van referentie naar de werkelijkheid, vaak gecombineerd met hallucinaties en wanen. Toegepast op AI betekent dit dat het systeem resultaten of gedragingen produceert die sterk afwijken van de verwachte norm en geen duidelijk verband hebben met de onderliggende gegevens of de uit te voeren taak.

Een dergelijke toestand in AI-systemen kan door verschillende factoren worden veroorzaakt. Een van de belangrijkste redenen is onjuiste gegevensverwerking. Als een AI wordt getraind op onvoldoende, foutieve of sterk vertekende gegevens, kan dit leiden tot onvoorspelbare en onlogische resultaten. Een ander probleem kan liggen in de architectuur van het algoritme als complexe modellen zoals neurale netwerken onverwachte interacties vertonen tussen de verschillende lagen en neuronen. Technische fouten, zoals bugs in de software of hardwarefouten, kunnen er ook voor zorgen dat de AI afwijkend gedrag vertoont.

Een voorbeeld van zo'n psychotische reactie van een AI zou de hierboven beschreven spraakassistent kunnen zijn, die op een simpele vraag over het weer reageert met cryptische of surrealistische uitspraken die geen herkenbaar verband hebben met de vraag. In plaats van een concreet antwoord te geven, kan de assistent plotseling over filosofische concepten of absurde scenario's praten. Dergelijke anomalieën kunnen ook voorkomen bij het genereren van afbeeldingen, wanneer een AI afbeeldingen creëert die bizarre en anatomisch onmogelijke combinaties weergeven.

Het onderzoeken van deze verschijnselen is belangrijk om de betrouwbaarheid en veiligheid van AI-systemen te verbeteren. Door de oorzaken van dergelijke storingen te begrijpen, kunnen ontwikkelaars betere algoritmen en robuustere systemen ontwerpen die minder gevoelig zijn voor dergelijke afwijkingen. Daarnaast helpt dit onderzoek om de beperkingen van de huidige AI-technologie te herkennen en ethische en veiligheidsaspecten aan te pakken.

In het algemeen biedt het concept van psychose in AI-systemen een nuttige metafoor om de manier te beschrijven waarop AI verkeerd of afwijkend kan reageren. Het benadrukt de noodzaak van zorgvuldige controle en voortdurende verbetering van AI-modellen om ervoor te zorgen dat ze betrouwbaar en verstandig functioneren en dat hun toepassingen veilig en ethisch zijn.

Waarom "psychoses"?

De term psychose gebruiken als metafoor voor bepaalde gedragingen van kunstmatige intelligentie is een levendige manier om de manier te illustreren waarop AI-systemen onder bepaalde omstandigheden onvoorspelbare, irrationele of onlogische resultaten kunnen opleveren. Deze metafoor helpt om complexe technische fenomenen in een begrijpelijke vorm te gieten die ook voor leken begrijpelijk is. De analogie met een menselijke psychose biedt een tastbare verklaring voor de vaak verwarrende en afwijkende resultaten die AI-systemen kunnen produceren wanneer ze op problemen stuiten.

Een belangrijke reden voor het gebruik van deze metafoor ligt in de vergelijking met menselijke ervaringen. Bij mensen wordt een psychose gekenmerkt door een aanzienlijk verlies van referentie naar de realiteit, vaak gepaard gaand met hallucinaties en wanen. Wanneer AI-systemen resultaten leveren die sterk afwijken van de verwachte norm en geen duidelijke relatie hebben met de ingevoerde gegevens of de gestelde taken, doet dit denken aan een toestand waarin de perceptie van de werkelijkheid verstoord is. Deze analogie maakt het gemakkelijker om te begrijpen waarom en hoe AI-systemen af en toe bizarre en onlogische resultaten kunnen produceren.

De metafoor van psychose helpt ook om de onvoorspelbare en irrationele resultaten te illustreren die AI-systemen kunnen produceren. Net zoals mensen met een psychose plotseling onvoorspelbare en vaak schijnbaar irrationele uitspraken of handelingen kunnen doen, kunnen AI-systemen onder bepaalde omstandigheden gedragingen of resultaten produceren die voor gebruikers onbegrijpelijk en onlogisch zijn. Deze parallel benadrukt de onverwachte aard van dergelijke anomalieën en helpt om de vaak moeilijk te verklaren storingen van AI-systemen beter te begrijpen.

Technische oorzaken spelen een grote rol bij deze afwijkingen. Psychoses bij mensen worden vaak veroorzaakt door biochemische onevenwichtigheden en neuronale storingen. Op dezelfde manier kunnen afwijkingen in AI-systemen worden veroorzaakt door fouten in de gegevensverwerking, gebrekkige algoritmen of technische storingen. De metafoor van psychose brengt dit idee over naar de wereld van technologie en maakt duidelijk dat complexe en vaak onzichtbare problemen binnen algoritmen en gegevensverwerking tot onvoorspelbare resultaten kunnen leiden.

De metafoor dient ook om de uitdagingen te illustreren die gepaard gaan met de ontwikkeling en implementatie van AI-systemen. Het vestigt de aandacht op de potentiële risico's en moeilijkheden die gepaard gaan met het creëren van betrouwbare en veilige AI-systemen. Door de noodzaak van zorgvuldige controle en voortdurende verbetering van algoritmen te benadrukken, wordt duidelijk dat de ontwikkeling van AI voortdurende aanpassing en verfijning vereist om ervoor te zorgen dat de systemen betrouwbaar en verstandig functioneren.

Het gedrag van AI-systemen beschrijven als psychotisch is uiteindelijk gebaseerd op onze neiging om menselijke ervaringen en gedragspatronen te projecteren op machines. Wanneer AI-systemen onvoorspelbare, onlogische of irrationele resultaten produceren, zijn we geneigd om deze resultaten te vergelijken met psychotisch gedrag bij mensen. Dit komt omdat mensen de neiging hebben om menselijke eigenschappen toe te schrijven aan niet-menselijke entiteiten. Psychotisch gedrag bij mensen wordt gekenmerkt door diepgaande verstoringen in de perceptie, het denken en de realiteit. Wanneer AI-systemen afwijkingen vertonen die vergelijkbaar zijn, herkennen we deze patronen en classificeren we ze dienovereenkomstig.

Uiteindelijk proberen mensen onvoorspelbare of moeilijk te begrijpen fenomenen te verklaren aan de hand van vertrouwde concepten en ervaringen. Door het gedrag van een AI als psychotisch te beschrijven, gebruiken we een vertrouwde categorie om de anders moeilijk te begrijpen storingen in een context te plaatsen. Dit weerspiegelt ook onze verwachtingen en het vertrouwen dat we in technologie stellen. Wanneer een AI onverwacht en irrationeel handelt, kan dit ons vertrouwen in de technologie schokken. Het omschrijven van dergelijke afwijkingen als psychotisch weerspiegelt de diepe onzekerheid die dergelijke storingen kunnen veroorzaken en herinnert ons aan de ervaring van menselijk psychotisch gedrag, dat ook onvoorspelbaar en verontrustend kan zijn.

Door het gedrag van AI als psychotisch te beschrijven, projecteren we menselijke ervaringen en verklaringen op machines om de complexiteit en onvoorspelbaarheid van hun acties te begrijpen en te communiceren. Deze analogie helpt ons om een kader te creëren waarin we de anomalieën van AI-systemen beter kunnen begrijpen en bespreken.

Een belangrijk punt bij het gebruik van de metafoor is echter om de beperkingen ervan te begrijpen. Het moet benadrukt worden dat AI-systemen, in tegenstelling tot mensen, geen bewustzijn of emotionele toestanden hebben. Ze kunnen daarom niet echt psychotisch zijn. De metafoor dient enkel als een levendige beschrijving om uit te leggen hoe AI-systemen in bepaalde omstandigheden grillig of onvoorspelbaar kunnen reageren. Dit onderscheid is belangrijk om misverstanden te voorkomen en om duidelijk te maken dat de afwijkingen in AI-systemen technisch van aard zijn en niet psychologisch. Tenminste, zolang de storing betrekking heeft op de AI en niet op de gebruiker.

De mechanismen die leiden tot psychotisch gedrag bij mensen zijn echter in sommige opzichten te vergelijken met de mechanismen die leiden tot afwijkingen in AI-systemen. Bij mensen is een psychose vaak het gevolg van een onbalans of storing in de neurale netwerken van de hersenen. In AI-systemen kunnen soortgelijke storingen optreden wanneer de interne modellen en algoritmen op een verkeerde manier met elkaar interageren of wanneer het systeem op onvoorspelbare wijze reageert op bepaalde inputs. Deze structurele parallellen tussen menselijke psychoses en AI-afwijkingen suggereren dat de metafoor van psychose meer is dan een linguïstische vereenvoudiging, maar diepere overeenkomsten onthult in het functioneren en de potentiële storingen van complexe systemen.

Een ander belangrijk aspect van deze analogie betreft de gevolgen van dergelijke stoornissen. Bij mensen kan een psychose een ernstige impact hebben op het leven en de cognitie van de getroffenen. Op dezelfde manier kunnen afwijkingen in AI-systemen een aanzienlijke impact hebben op de toepassingen en gebruikerservaring, vooral wanneer deze systemen worden gebruikt op kritieke gebieden zoals gezondheidszorg, autonoom rijden of financiën. Een AI-systeem dat onvoorspelbare of foutieve resultaten oplevert, kan grote schade aanrichten, net zoals een psychotische episode het leven van een persoon kan destabiliseren.

Als we "psychose" in AI-systemen niet alleen als een metafoor maar als een serieuze analogie beschouwen, roept dit natuurlijk ethische vragen op. Het vereist een verantwoorde benadering van de ontwikkeling en implementatie van AI om ervoor te zorgen dat potentiële storingen in een vroeg stadium kunnen worden herkend en verholpen.

Tot slot opent het concept van "psychoses" in AI-systemen ook nieuwe perspectieven voor onderzoek. Door de parallellen tussen menselijke psychoses en AI-afwijkingen te analyseren, zouden we nieuwe inzichten kunnen krijgen in hoe complexe systemen, zowel biologische als kunstmatige, reageren op structurele verstoringen. Dit zou ook kunnen helpen bij het ontwikkelen van nieuwe benaderingen om fouten te voorkomen en de betrouwbaarheid en veiligheid van AI-systemen te verbeteren. De metafoor wordt zo een hulpmiddel dat niet alleen het begrijpen vergemakkelijkt, maar ook de weg vrijmaakt voor verder onderzoek en innovatie.

Relevantie van het onderwerp

Kunstmatige intelligentie heeft de afgelopen jaren aanzienlijke vooruitgang geboekt en is geïntegreerd in tal van gebieden van het dagelijks leven. Dit gaat van spraakassistenten en gepersonaliseerde aanbevelingssystemen tot autonome voertuigen en medische diagnosetools. Met dit wijdverspreide gebruik en de toenemende afhankelijkheid van AI-systemen, nemen ook de eisen aan hun betrouwbaarheid en veiligheid toe.

Een belangrijk aandachtspunt hierbij is de robuustheid van AI-systemen. In veel toepassingen, met name op veiligheidskritische gebieden zoals autonoom rijden, geneeskunde en de financiële sector, is het essentieel dat AI-systemen betrouwbaar en voorspelbaar functioneren. Afwijkingen of onvoorspelbaar gedrag dat als "psychotisch" kan worden omschreven, kunnen hier ernstige gevolgen hebben. Een autonoom voertuig dat plotseling onvoorspelbare beslissingen neemt of een medisch diagnosesysteem dat onverwacht verkeerde diagnoses stelt, kan mensenlevens in gevaar brengen. Daarom is het onderzoeken en begrijpen van dergelijke anomalieën cruciaal voor de ontwikkeling van robuuste en veilige AI-systemen.

Daarnaast spelen de transparantie en traceerbaarheid van AI-beslissingen een centrale rol. Veel geavanceerde AI-modellen, vooral die op basis van diepe neurale netwerken, staan vaak bekend als black box-modellen. Dit betekent dat de interne besluitvormingsprocessen van deze modellen voor mensen moeilijk te begrijpen zijn.

Als een dergelijk systeem onvoorspelbare of onlogische resultaten oplevert, is het belangrijk om de oorzaken van deze afwijkingen te begrijpen om het vertrouwen in de technologie te behouden en deze dienovereenkomstig te verbeteren.

Ethische overwegingen zijn ook van groot belang. Het idee dat AI-systemen "psychotisch" kunnen worden vestigt de aandacht op de ethische implicaties van het gebruik van AI. Ontwikkelaars en bedrijven moeten ervoor zorgen dat hun systemen op verantwoorde wijze worden gebruikt en dat potentiële storingen in een vroeg stadium worden herkend en verholpen. Dit vereist niet alleen technologische oplossingen, maar ook richtlijnen en normen die een ethisch gebruik van AI waarborgen.

De discussie over "psychoses" in AI-systemen zal uiteindelijk ook nieuwe onderzoeksgebieden en interdisciplinaire samenwerking openen. Psychologen, neurowetenschappers, computerwetenschappers en ingenieurs zouden kunnen samenwerken om de parallellen tussen menselijke storingen en afwijkingen in AI-systemen te onderzoeken. Deze samenwerking zou kunnen leiden tot nieuwe inzichten in het functioneren van complexe systemen en tot innovatieve benaderingen om fouten te voorkomen en de betrouwbaarheid te verbeteren.

Een ander aspect is de publieke perceptie van en het vertrouwen in AI-technologie. Als het publiek kennis neemt van onvoorspelbaar of irrationeel gedrag van AI-systemen, kan dit het vertrouwen in deze technologieën ondermijnen. Transparante communicatie over de oorzaken en maatregelen om dergelijke afwijkingen te voorkomen is daarom essentieel om het vertrouwen van gebruikers te winnen en te behouden.

Tot slot mag de economische relevantie niet worden onderschat. AI-technologieën kunnen aanzienlijke economische voordelen opleveren door processen te automatiseren, de efficiëntie te verhogen en nieuwe zakelijke kansen te creëren. Maar om deze voordelen volledig te realiseren, moeten bedrijven ervoor zorgen dat hun AI-systemen betrouwbaar en veilig functioneren. Afwijkingen en storingen kunnen niet alleen het vertrouwen van klanten schaden, maar ook aanzienlijke financiële verliezen veroorzaken.

Grondbeginselen van kunstmatige intelligentie

Algemene werking van AI-systemen

De algemene werking van AI-systemen is een proces dat uit verschillende fasen bestaat en tot doel heeft machines in staat te stellen taken uit te voeren waarvoor menselijke intelligentie nodig is.

Dit proces begint met het verzamelen en voorbewerken van gegevens, wat cruciaal is voor de prestaties van het AI-systeem. Gegevens kunnen afkomstig zijn van verschillende bronnen, zoals sensoren, databases, internet of handmatige invoer. De ruwe gegevens zijn vaak ongestructureerd en bevatten ruis, inconsistenties of onvolledige invoer. Daarom is het nodig om deze gegevens op te schonen en te normaliseren om ze in een bruikbare vorm te gieten. Deze voorbewerkingsstap kan bestaan uit het verwijderen van duplicaten, het invullen van ontbrekende waarden en het transformeren van de gegevens naar geschikte formaten.

Na de voorbewerking wordt een model geselecteerd dat is afgestemd op de specifieke taak van het AI-systeem. Dit kan een eenvoudig statistisch model zijn zoals lineaire regressie, een beslisboom of een complex diep neuraal netwerk. Het trainingsproces van het model bestaat uit het gebruik van een algoritme dat de gegevens analyseert en patronen herkent om een voorspellings- of beslissingsfunctie te leren. Het doel van training is om de parameters van het model aan te passen zodat het de onderliggende patronen in de gegevens optimaal weergeeft. Dit proces vereist meestal een grote hoeveelheid trainingsgegevens die representatief zijn voor de echte gebruikssituaties waarmee het AI-systeem wordt geconfronteerd.

Nadat het model is getraind, moet het worden geëvalueerd en gevalideerd om ervoor te zorgen dat het niet alleen de trainingsgegevens, maar ook nieuwe, onbekende gegevens goed kan verwerken. In deze fase van de evaluatie van het model wordt het model getest op een aparte set testgegevens die niet tijdens de training zijn gebruikt. Afhankelijk van de specifieke use case worden er verschillende metrieken gebruikt om de prestaties van het model te beoordelen, zoals nauwkeurigheid, precisie, recall en de F1-score. Deze stap is cruciaal om ervoor te zorgen dat het model niet over- of underfitting, wat in de praktijk tot slechte prestaties zou kunnen leiden.

Na validatie wordt het model gebruikt in een echte omgeving. In deze fase gebruikt het AI-systeem het getrainde en gevalideerde model om voorspellingen te doen, beslissingen te ondersteunen of bepaalde taken uit te voeren. Een spraakassistent kan bijvoorbeeld reageren op input van de gebruiker en op basis daarvan antwoorden genereren, een autonoom voertuig kan gegevens van zijn sensoren verwerken om veilig te navigeren of een medisch diagnostisch systeem kan ziekten identificeren op basis van patiëntgegevens. Dit gebruik in de echte wereld vereist voortdurende controle van het model om ervoor te zorgen dat het nauwkeurig en betrouwbaar blijft werken.

Een cruciaal aspect van moderne AI-systemen is hun vermogen om continu te leren. Dit betekent dat ze hun prestaties kunnen verbeteren door voortdurend te leren van nieuwe gegevens en ervaringen. Technieken zoals online leren en versterkend leren stellen AI-systemen in staat om zich aan te passen aan veranderende omstandigheden en hun nauwkeurigheid in voorspellingen en besluitvorming voortdurend te optimaliseren. Dit iteratieve proces zorgt ervoor dat de systemen flexibel blijven en kunnen reageren op nieuwe uitdagingen door te leren en te verbeteren op basis van elke nieuwe gegevenssituatie.

Leeralgoritmen (leren onder toezicht, leren zonder toezicht)

Lerende algoritmen vormen de kern van kunstmatige intelligentie en machinaal leren. Ze stellen machines in staat om te leren van gegevens, patronen te herkennen en op basis daarvan beslissingen te nemen of taken uit te voeren. Twee van de hoofdcategorieën van leeralgoritmen zijn leren onder toezicht en leren zonder toezicht. Deze twee benaderingen streven verschillende doelen en methoden na om kennis uit gegevens te halen.

Bij gesuperviseerd leren wordt een model getraind met een gelabelde gegevensset. Dit betekent dat elk gegevenspunt in de trainingsgegevens wordt voorzien van een overeenkomstige doelwaarde of label. Het leeralgoritme probeert een functie te vinden die een verband legt tussen de invoergegevens en de overeenkomstige doelwaarden. Het doel is om deze functie te optimaliseren, zodat het ook zo nauwkeurig mogelijke voorspellingen kan doen voor nieuwe, onbekende gegevens. Een veel voorkomend voorbeeld van leren onder toezicht is classificatie, waarbij het doel is om gegevenspunten in te delen in vooraf gedefinieerde categorieën. Een ander voorbeeld is regressie, waarbij het doel is om een continue waarde te voorspellen.

De kwaliteit en kwantiteit van gegevens zijn cruciaal voor gesuperviseerd leren. Een grote en goed gelabelde dataset stelt het algoritme in staat om precieze patronen te herkennen en nauwkeurige voorspellingen te doen. Het trainingsproces bestaat uit het voeden van het model met deze gegevens en het aanpassen van de modelparameters om de fouten tussen de voorspelde en de werkelijke doelwaarden te minimaliseren. Dit wordt gedaan door optimalisatiealgoritmen zoals gradiëntdaling, waarbij de parameters van het model iteratief worden aangepast om de nauwkeurigheid van de voorspelling te verbeteren.

Na de training wordt het model gevalideerd op een aparte set testgegevens die niet werd gebruikt tijdens de training. Dit is belangrijk om te controleren of het model de geleerde patronen kan generaliseren en niet alleen de trainingsgegevens heeft onthouden. Deze stap van de modelevaluatie omvat het berekenen van verschillende prestatiecijfers zoals nauwkeurigheid, precisie en terughalen om ervoor te zorgen dat het model zowel nauwkeurige als robuuste voorspellingen kan doen.

Daarentegen werkt unsupervised learning met ongelabelde gegevens. Dit betekent dat de gegevenspunten geen doelwaarden hebben en dat het algoritme zelfstandig structuren en patronen in de gegevens moet ontdekken. Het doel van leren zonder toezicht is om de onderliggende structuur van de gegevens te identificeren, vaak in de vorm van clusters of groepen van gelijksoortige gegevenspunten. Een veelvoorkomend voorbeeld van leren zonder toezicht is clusteren, waarbij het algoritme de gegevenspunten indeelt in groepen met vergelijkbare kenmerken. Een ander voorbeeld is dimensionaliteitsreductie, waarbij het aantal variabelen in een gegevensset wordt gereduceerd om de gegevens te vereenvoudigen en te visualiseren.

Unsupervised learning is vooral nuttig wanneer je een beter inzicht wilt krijgen in de gegevens zonder dat je specifieke labels of doelwaarden hebt. Het wordt vaak gebruikt in de exploratie- en analysefase om een uitgebreider beeld te krijgen van het gegevenslandschap voordat specifieke modellen worden ontwikkeld. Het kan bijvoorbeeld worden gebruikt in marktonderzoek om klantsegmenten te identificeren of in genomica om patronen te ontdekken in genetische gegevens.

Beide benaderingen, supervised en unsupervised learning, hebben hun specifieke voordelen en uitdagingen. Voor gesuperviseerd leren zijn uitgebreide en nauwkeurig gelabelde gegevenssets nodig, wat in de praktijk vaak moeilijk en tijdrovend is om te verkrijgen. Niet-gesuperviseerd leren daarentegen kan werken met ongelabelde gegevens, maar de interpretatie van de resultaten is vaak minder duidelijk en vereist diepere analyse en domeinkennis.

Een belangrijk aspect van modern AI-onderzoek is de combinatie van deze twee benaderingen in hybride modellen. Semi-supervised learning is zo'n aanpak, waarbij een kleine hoeveelheid gelabelde gegevens samen met een grote hoeveelheid ongelabelde gegevens wordt gebruikt om de prestaties van het model te verbeteren. Deze methode maakt gebruik van de sterke punten van beide benaderingen om robuustere en nauwkeurigere modellen te ontwikkelen. Een ander voorbeeld is reinforcement learning, waarbij een agent leert door interacties met zijn omgeving en beloningen ontvangt om zijn acties te optimaliseren.

De manier waarop leeralgoritmen werken in machine learning en AI is een iteratief en cyclisch proces dat begint met het verzamelen van gegevens, doorgaat met modelontwikkeling en evaluatie, leidt tot praktische toepassing en wordt aangevuld met continu leren. Deze uitgebreide aanpak stelt AI-systemen in staat om te leren van gegevens, patronen te herkennen en op basis daarvan geïnformeerde en efficiënte beslissingen te nemen of taken uit te voeren. Voortdurende verbetering en aanpassing aan nieuwe gegevens en omstandigheden zijn van centraal belang voor de prestaties en betrouwbaarheid van moderne AI-systemen.

Zo zijn gesuperviseerd en ongesuperviseerd leren fundamentele benaderingen in machinaal leren die het mogelijk maken om kennis te extraheren uit gegevens en deze kennis te gebruiken voor verschillende toepassingen. Door deze benaderingen op de juiste manier te kiezen en te combineren, kan een breed scala aan uitdagingen in de praktijk met succes worden aangepakt, wat de ontwikkeling van krachtige en betrouwbare AI-systemen ondersteunt.

Neurale netwerken en diep leren

Neurale netwerken en deep learning zijn essentiële onderdelen van moderne kunstmatige intelligentie die opmerkelijke vooruitgang mogelijk hebben gemaakt in het vermogen van machines om complexe taken uit te voeren. Neurale netwerken, geïnspireerd op de structuur en werking van het menselijk brein, bestaan uit lagen van onderling verbonden neuronen die informatie verwerken en doorsturen. Elk neuron ontvangt input, verwerkt deze via een activatiefunctie en stuurt het resultaat door naar de volgende laag. Dit proces wordt herhaald tot de outputlaag is bereikt, die het eindresultaat levert.

Een fundamenteel concept in neurale netwerken is leren door de gewichten van de verbindingen tussen de neuronen aan te passen. Deze gewichten bepalen de sterkte van de signalen die van het ene neuron naar het andere worden verzonden. Tijdens het trainingsproces worden de gewichten iteratief aangepast om de fouten tussen de voorspelde en de werkelijke output te minimaliseren.

Dit gebeurt met optimalisatiealgoritmes zoals gradiëntdaling, waarbij de gewichten worden aangepast in de richting van de grootste foutreductie.

Deep learning, een gespecialiseerde vorm van machinaal leren, maakt gebruik van diepe neurale netwerken met vele lagen. Deze diepe netwerken, ook wel diep geneste netwerken genoemd, kunnen zeer complexe patronen en relaties in de gegevens herkennen. Elke laag in het netwerk haalt verschillende niveaus van eigenschappen uit de invoergegevens, waarbij de diepere lagen abstractere en complexere eigenschappen leren. Een diep neuraal netwerk voor beeldherkenning zou bijvoorbeeld eenvoudige kenmerken zoals randen en hoeken kunnen leren in de eerste lagen, complexere structuren zoals texturen en vormen in de middelste lagen en volledige objecten zoals gezichten of voertuigen in de laatste lagen.

Het succes van deep learning in de afgelopen jaren kan worden toegeschreven aan verschillende factoren. Ten eerste heeft de aanzienlijke vooruitgang in rekenkracht, met name door het gebruik van grafische kaarten (GPU's), de verwerking van grote hoeveelheden gegevens en de training van diep geneste netwerken mogelijk gemaakt. Ten tweede hebben grote datasets afkomstig van verschillende bronnen zoals het internet, sociale media en sensoren het mogelijk gemaakt om nauwkeurige en krachtige modellen te trainen. Ten derde hebben nieuwe architecturen en technieken, zoals Convolutional Neural Networks (CNN's) en Recurrent Neural

Networks (RNN's), de prestaties van deep learning in verschillende toepassingsgebieden aanzienlijk verbeterd.

Convolutionele neurale netwerken (CNN's) zijn bijzonder effectief in het verwerken van beeld- en videogegevens. Ze gebruiken convolutielagen om lokale kenmerken in de gegevens te herkennen en poolinglagen om de gegevens te verkleinen en de berekeningen efficiënter te maken. Deze architecturen hebben baanbrekende resultaten geboekt in beeldherkenning, objectdetectie en beeldsegmentatie. Recurrente neurale netwerken (RNN's) zijn daarentegen ontworpen om sequentiële gegevens te verwerken, zoals die in spraak- en tekstverwerking. RNN's maken gebruik van feedbacklussen waarmee ze informatie van eerdere stappen kunnen opslaan en gebruiken, waardoor ze bijzonder geschikt zijn voor taken als automatische vertaling, spraaksynthese en tijdreeksanalyse.

Een ander belangrijk concept in deep learning is transfer learning. Dit houdt in dat een model dat is getraind op een grote hoeveelheid algemene gegevens als uitgangspunt wordt gebruikt en vervolgens wordt aangepast aan meer specifieke gegevens. Dit bespaart rekenkracht en tijd, omdat eigenschappen die al zijn geleerd opnieuw kunnen worden gebruikt. Transfer learning heeft bewezen zeer nuttig te zijn op veel gebieden, waaronder medische beeldvorming en natuurlijke taalverwerking.

Een voorbeeld van de toepassing van neurale netwerken en deep learning is autonome voertuigtechnologie. Hier worden verschillende sensoren zoals camera's, lidar en radar gebruikt om omgevingsgegevens te verzamelen. Deze gegevens worden vervolgens geanalyseerd door diepe neurale netwerken om objecten te herkennen, hun bewegingen te voorspellen en veilige rijmanoeuvres te plannen. Een ander voorbeeld is gezondheidsdiagnostiek, waarbij diepe neurale netwerken worden gebruikt om medische beelden zoals röntgenstralen of MRI-scans te analyseren om ziekten zoals kanker in een vroeg stadium op te sporen.

Neurale netwerken en deep learning hebben ook aanzienlijke vooruitgang mogelijk gemaakt op het gebied van spraak- en tekstverwerking. Spraakassistenten zoals Siri, Alexa en Google Assistant maken gebruik van deep learning om gesproken taal te begrijpen en erop te reageren. Deze systemen kunnen natuurlijke taal interpreteren, de context begrijpen en passende reacties genereren. Bij tekstverwerking worden deep learning en neurale netwerken gebruikt voor taken als automatische vertaling, sentimentanalyse en tekstgeneratie, waarbij modellen als transformatornetwerken en BERT (Bidirectional Encoder Representations from Transformers) aanzienlijke successen hebben geboekt.

Ondanks hun indrukwekkende mogelijkheden worden neurale netwerken en deep learning nog steeds geconfronteerd met uitdagingen. Een van de grootste is de interpreteerbaarheid van de modellen. Omdat diepe neurale netwerken vaak worden gezien als black box-modellen, is het moeilijk te begrijpen hoe ze tot hun beslissingen komen. Dit kan problematisch zijn in veiligheidskritische toepassingen, omdat het belangrijk is om de besluitvormingsprocessen van de modellen te kunnen begrijpen. Er wordt voortdurend onderzoek gedaan om de transparantie en interpreteerbaarheid van deze modellen te verbeteren.

Een andere uitdaging is de afhankelijkheid van gegevens. Diepe neurale netwerken hebben grote hoeveelheden trainingsgegevens nodig om goed te kunnen functioneren. In veel toepassingsgebieden zijn dergelijke gegevens echter niet altijd beschikbaar of moeilijk te verzamelen. Dit heeft geleid tot de ontwikkeling van technieken zoals gegevensvergroting, waarbij bestaande gegevens kunstmatig worden uitgebreid om de modellen robuuster te maken.

Neurale netwerken en deep learning vormen de basis voor veel van de meest geavanceerde toepassingen in kunstmatige intelligentie. Ze kunnen complexe patronen herkennen in grote hoeveelheden gegevens en verbazingwekkend nauwkeurige voorspellingen doen en beslissingen nemen. Voortdurend onderzoek en ontwikkeling op dit gebied belooft nog meer vooruitgang en bredere toepassing in een verscheidenheid aan industrieën, van de auto-industrie tot de gezondheidszorg en spraak- en tekstverwerking. De uitdagingen van interpreteerbaarheid en gegevensafhankelijkheid blijven echter bestaan en vereisen verdere innovatie en technologische vooruitgang.

Rol en betekenis van trainingsgegevens

Trainingsgegevens vormen de basis waarop AI-modellen patronen leren herkennen, voorspellingen doen en beslissingen nemen. Het is essentieel voor de prestaties, nauwkeurigheid en robuustheid van de ontwikkelde modellen. Zonder hoogwaardige en representatieve trainingsgegevens zou de ontwikkeling van effectieve AI-systemen vrijwel onmogelijk zijn.

Een belangrijk aspect van trainingsgegevens is de kwaliteit ervan. Trainingsgegevens van hoge kwaliteit zijn schoon, consistent en vrij van fouten of ruis. Als de gegevens gebrekkig, onvolledig of inconsistent zijn, kan het model onjuiste patronen leren en onnauwkeurige voorspellingen doen. Het proces van gegevens voorbewerken, waarbij de ruwe gegevens worden opgeschoond, genormaliseerd en getransformeerd, is daarom cruciaal. Dit proces corrigeert fouten, verwijdert inconsistenties en zet de gegevens om in een formaat dat geschikt is voor modeltraining.

De representativiteit van de trainingsgegevens is een andere kritieke factor. De trainingsgegevens moeten de diversiteit en complexiteit van de echte wereld weerspiegelen om ervoor te zorgen dat het model kan generaliseren naar verschillende situaties. Als de trainingsgegevens niet representatief zijn, kan het model vertekeningen ontwikkelen en slecht presteren op nieuwe, onbekende gegevens. Een veel voorkomend probleem is gegevensvertekening, waarbij bepaalde groepen of kenmerken over- of ondervertegenwoordigd zijn in de trainingsgegevens. Dit kan leiden tot systematische fouten en oneerlijke voorspellingen. Het is daarom belangrijk om te zorgen voor een brede en diverse gegevensverzameling die alle relevante kenmerken en scenario's omvat.

De hoeveelheid trainingsgegevens speelt ook een belangrijke rol. Voor complexe modellen, vooral deep learning, zijn grote hoeveelheden gegevens nodig om de parameters van het model te optimaliseren en de patronen in de gegevens vast te leggen. Met grote datasets kan het model subtiele patronen en relaties herkennen, wat leidt tot betere en nauwkeurigere voorspellingen. Tegelijkertijd moeten de gegevens echter ook relevant en zinvol zijn. Een grote hoeveelheid irrelevante gegevens kan het model in de war brengen en de trainingstijd aanzienlijk verlengen zonder de prestaties te verbeteren.

Een belangrijk aspect van het gebruik van trainingsgegevens is overfitting. Overfitting treedt op wanneer een model te precies is afgestemd op de trainingsgegevens en de onderliggende patronen van de gegevens te sterk leert, inclusief ruis en willekeurigheid. Dit leidt ertoe dat het model slecht generaliseert op nieuwe gegevens. Om overfitting te voorkomen, worden technieken zoals kruisvalidatie, regularisatie en het gebruik van een aparte validatiedataset gebruikt. Deze methoden helpen ervoor te zorgen dat het model de algemene patronen in de gegevens leert zonder te veel te vertrouwen op de specifieke details van de trainingsgegevens.

Naast de kwantiteit en kwaliteit van de gegevens is ook de diversiteit van de gegevensbronnen belangrijk. Verschillende gegevensbronnen kunnen verschillende perspectieven en informatie bieden die het model verrijken en de robuustheid ervan vergroten. Een beeldherkenningsmodel kan bijvoorbeeld profiteren van gegevens die afkomstig zijn van verschillende camerastandpunten, lichtomstandigheden en resoluties. Op dezelfde manier kan een taalmodel profiteren van gegevens uit verschillende dialecten, spreekstijlen en contexten. Het integreren van gegevens uit meerdere bronnen kan het vermogen van het model om nauwkeurig en betrouwbaar te presteren in verschillende scenario's in de echte wereld verbeteren.

Het belang van trainingsgegevens strekt zich ook uit tot ethische en sociale aspecten. Aangezien AI-systemen steeds meer worden geïntegreerd in besluitvormingsprocessen die het leven van mensen beïnvloeden, is het essentieel dat de trainingsgegevens vrij zijn van vooroordelen en discriminatie. Vooringenomen gegevens kunnen leiden tot oneerlijke en discriminerende resultaten die bepaalde groepen benadelen. Daarom is het belangrijk om trainingsgegevens zorgvuldig te evalueren en te controleren om ervoor te zorgen dat ze eerlijk en representatief zijn.

Een ander belangrijk punt is gegevensbeveiliging en -bescherming. In veel toepassingsgebieden, met name in de gezondheidszorg en de financiële sector, bevatten trainingsgegevens gevoelige en persoonlijke informatie.

Het beschermen van deze gegevens tegen ongeoorloofde toegang en misbruik is van het grootste belang. Dit vereist robuuste beveiligingsmaatregelen en naleving van regelgeving op het gebied van gegevensbescherming, zoals de General Data Protection Regulation (GDPR) in de Europese Unie. Anonimisering en pseudonimisering van persoonlijke gegevens zijn gangbare technieken om gegevensbescherming te garanderen en tegelijkertijd het nut van de gegevens voor training te behouden.

Het voortdurend bijwerken en verbeteren van de trainingsgegevens is een ander aspect waarmee rekening moet worden gehouden. De wereld verandert voortdurend en nieuwe gegevens moeten regelmatig worden opgenomen in de modeltraining om ervoor te zorgen dat de voorspellingen en beslissingen van het model relevant en up-to-date blijven. Dit vereist een dynamische aanpak waarbij het model voortdurend wordt bijgewerkt en verbeterd met nieuwe gegevens. Dit kan worden bereikt met technieken zoals online leren en incrementeel leren, waarbij het model voortdurend leert van nieuwe gegevens zonder dat het hele model opnieuw hoeft te worden getraind.

Daarom spelen trainingsgegevens een centrale rol in de ontwikkeling en prestaties van AI-modellen. De kwaliteit, kwantiteit, representativiteit en diversiteit ervan zijn cruciaal voor de nauwkeurigheid, robuustheid en eerlijkheid van de modellen. Door zorgvuldig gegevens te verzamelen, voorbewerken, verifiëren en continu bij te werken, kunnen de uitdagingen in verband met trainingsgegevens worden overwonnen en krachtige AI-systemen worden ontwikkeld. Er moet altijd rekening worden gehouden met de ethische en veiligheidsaspecten van het gebruik van gegevens om betrouwbare en verantwoorde AI-oplossingen te creëren.

Kwaliteit en kwantiteit van gegevens

De kwaliteit en kwantiteit van gegevens zijn andere belangrijke factoren die het succes en de prestaties van AI-modellen bepalen.

Zonder kwalitatief hoogwaardige en voldoende gegevens kunnen zelfs de beste algoritmen en modellen geen betrouwbare en nauwkeurige voorspellingen doen of complexe taken uitvoeren. Datakwaliteit en -kwantiteit zijn nauw met elkaar verbonden en beïnvloeden elkaar op vele manieren. Beide aspecten moeten zorgvuldig worden overwogen om optimale resultaten te behalen.

Gegevenskwaliteit verwijst naar de nauwkeurigheid, volledigheid, consistentie, tijdigheid en relevantie van de gegevens. Gegevens van hoge kwaliteit moeten nauwkeurig en foutloos zijn, omdat onnauwkeurigheden en inconsistenties het vermogen van een model om nauwkeurige patronen te herkennen en voorspellingen te doen aanzienlijk kunnen beïnvloeden. Volledigheid betekent dat alle noodzakelijke gegevenspunten aanwezig zijn, zonder hiaten die belangrijke informatie zouden kunnen missen. Consistentie zorgt ervoor dat de gegevens uniform zijn voor verschillende bronnen en tijdsperioden, terwijl actualiteit betekent dat de gegevens actueel zijn en de huidige realiteit weerspiegelen. Relevantie betekent dat de gegevens relevant en zinvol zijn voor de specifieke taak of het specifieke probleem dat het model moet oplossen.

Een cruciale stap in het garanderen van gegevenskwaliteit is het voorbewerken van gegevens, waarbij de ruwe gegevens worden opgeschoond, genormaliseerd en getransformeerd. In dit proces worden fouten gecorrigeerd, inconsistenties geëlimineerd en de gegevens omgezet in een formaat dat geschikt is voor modeltraining. Deze stap is vaak tijdrovend en vereist een grondig begrip van de gegevensbron en de specifieke vereisten van de toepassing. Geautomatiseerde tools en technieken kunnen helpen om de voorbewerking van gegevens efficiënter te maken, maar menselijke tussenkomst en domeinkennis blijven essentieel.

De hoeveelheid gegevens is ook van cruciaal belang. Voor veel modellen voor machinaal leren, vooral diepe neurale netwerken, zijn grote hoeveelheden gegevens nodig om de parameters van het model te optimaliseren en de onderliggende patronen in de gegevens vast te leggen. Met grote datasets kan het model subtiele en complexe relaties herkennen, wat leidt tot betere en nauwkeurigere voorspellingen. Een grote dataset helpt ook om het risico op overfitting te verkleinen, omdat het model kan trainen op een grotere verscheidenheid aan voorbeelden in plaats van zich vast te klampen aan specifieke details van de trainingsdataset.

De hoeveelheid gegevens moet echter worden gezien in de context van de kwaliteit ervan. Een grote hoeveelheid irrelevante gegevens of gegevens van lage kwaliteit kunnen het model in de war brengen en de trainingstijd aanzienlijk verlengen zonder de prestaties te verbeteren. Daarom is het belangrijk om ervoor te zorgen dat de verzamelde gegevens zowel overvloedig als van hoge kwaliteit zijn. Deze evenwichtsoefening vereist een zorgvuldige selectie en verzameling van gegevens, een kritische evaluatie van gegevensbronnen en het opnemen van alleen die gegevens die relevant en nuttig zijn voor de specifieke toepassing.

Een ander belangrijk aspect is de representativiteit van de gegevens. De gegevens moeten de diversiteit en complexiteit van de echte wereld weerspiegelen om ervoor te zorgen dat het model kan generaliseren naar verschillende situaties. Als de trainingsgegevens niet representatief zijn, kan het model vooroordelen ontwikkelen en slecht presteren op nieuwe, onbekende gegevens. Zo kan een gezichtsherkenningsmodel dat voornamelijk is getraind met afbeeldingen van mensen van een bepaalde etniciteit slecht presteren bij het herkennen van gezichten van andere etniciteiten. Om dergelijke vervormingen te voorkomen, moeten de gegevens diverse en gevarieerde kenmerken en scenario's omvatten.

De relevantie en kwaliteit van de gegevens zijn ook van groot belang met het oog op ethische en sociale aspecten. Vertekende gegevens kunnen leiden tot oneerlijke en discriminerende resultaten die bepaalde groepen benadelen. Het is daarom essentieel dat trainingsgegevens zorgvuldig worden onderzocht en gecontroleerd om er zeker van te zijn dat ze eerlijk en representatief zijn. De bescherming van persoonlijke gegevens en naleving van de regelgeving voor gegevensbescherming is ook van het grootste belang, vooral op gebieden zoals gezondheidszorg en financiën waar gevoelige informatie wordt verwerkt.

Het voortdurend bijwerken en verbeteren van de kwaliteit en kwantiteit van gegevens is ook cruciaal. De wereld verandert voortdurend en nieuwe gegevens moeten regelmatig worden opgenomen in de modeltraining om ervoor te zorgen dat de voorspellingen en beslissingen van het model relevant en up-to-date blijven. Dit vereist een dynamische aanpak waarbij het model voortdurend wordt bijgewerkt en verbeterd met nieuwe gegevens. Online leren en incrementeel leren zijn technieken waarmee het model voortdurend kan leren van nieuwe gegevens zonder dat het hele model opnieuw moet worden getraind.

De invloed van gegevens op AI-ontwikkeling

Gegevens vormen daarom de kern van AI-ontwikkeling en hebben een grote invloed op de prestaties, nauwkeurigheid en toepassingsmogelijkheden van AI-modellen. De kwaliteit, kwantiteit, diversiteit en representativiteit van gegevens bepalen hoe goed een model wordt getraind, welke patronen het herkent en hoe betrouwbaar zijn voorspellingen en beslissingen zijn.

Zoals hierboven beschreven speelt de kwaliteit van de gegevens een centrale rol. Gegevens van hoge kwaliteit zijn nauwkeurig, consistent en vrij van fouten of ruis. Dergelijke gegevens stellen het model in staat om duidelijke en nauwkeurige patronen te leren, wat leidt tot betrouwbare voorspellingen. Als de gegevens echter gebrekkig of onvolledig zijn, kan het model onjuiste patronen leren, wat leidt tot onnauwkeurige of zelfs schadelijke voorspellingen. Het proces van gegevens voorbewerken, waarbij de gegevens worden opgeschoond en genormaliseerd, is daarom van cruciaal belang. Dit proces verwijdert inconsistenties en zet de gegevens in een geschikt formaat dat optimaal is voor modeltraining.

De hoeveelheid gegevens is ook cruciaal. Er zijn grote hoeveelheden gegevens nodig om de complexiteit en diversiteit van de echte wereld te weerspiegelen in de trainingsgegevens. Vooral voor deep learning en complexe modellen zijn grote datasets nodig om de parameters van het model effectief te trainen en subtiele patronen te herkennen. Grote datasets helpen ook om het risico op overfitting te verkleinen doordat het model kan leren op een grote verscheidenheid aan voorbeelden in plaats van zich vast te klampen aan specifieke details van de trainingsgegevens. Kwantiteit moet echter altijd worden gezien in de context van kwaliteit, omdat grote hoeveelheden irrelevante of inferieure gegevens de prestaties van het model kunnen beïnvloeden.

De diversiteit van de gegevens is een andere kritieke factor. Een representatieve en diverse dataset zorgt ervoor dat het model kan generaliseren naar verschillende scenario's en goed kan presteren in verschillende toepassingen in de echte wereld. Gegevens die verschillende demografische kenmerken, geografische regio's, tijdsperioden en andere relevante variabelen bevatten, helpen om vertekening en vertekening te voorkomen. Als bepaalde groepen of kenmerken over- of ondervertegenwoordigd zijn in de trainingsgegevens, kan het model systematische fouten ontwikkelen die leiden tot oneerlijke of discriminerende resultaten. Het waarborgen van de diversiteit en representativiteit van de gegevens is daarom essentieel voor de ontwikkeling van eerlijke en evenwichtige AI-systemen.

De invloed van gegevens op de complexiteit en selectie van modellen is ook aanzienlijk. Het type en de structuur van de beschikbare gegevens bepalen vaak welke modelarchitecturen en leeralgoritmen het meest geschikt zijn. Zo vereisen hoog-dimensionale gegevens, zoals afbeeldingen of genetische sequenties, complexe modellen zoals convolutionele neurale netwerken (CNN's) of diep geneste neurale netwerken om de relevante kenmerken effectief te extraheren en te leren. Aan de andere kant kunnen eenvoudigere modellen zoals lineaire regressie of beslisbomen voldoende zijn als de gegevensstructuur minder complex is. De gegevens beïnvloeden dus de beslissingen van de ontwikkelaars met betrekking tot de modelarchitectuur en de gebruikte leeralgoritmen.

Het tijdsaspect van de gegevens beïnvloedt ook de AI-ontwikkeling. Gegevens die over langere perioden zijn verzameld, kunnen waardevolle informatie opleveren over trends en tijdelijke patronen. Zulke tijdsafhankelijke gegevens zijn vooral relevant op gebieden als economie, klimaat- en weersvoorspellingen en epidemiologische modellering. Modellen die op dergelijke gegevens worden getraind, moeten rekening kunnen houden met temporele afhankelijkheden en ontwikkelingen. Hiervoor is vaak het gebruik van gespecialiseerde modelarchitecturen nodig, zoals terugkerende neurale netwerken (RNN's) of LSTM-netwerken (Long Short-Term Memory).

Gegevens beïnvloeden ook de snelheid en efficiëntie van de ontwikkeling en levering van modellen. Uitgebreide en goed georganiseerde gegevenssets maken efficiëntere trainingsprocessen mogelijk en versnellen ontwikkelingscycli. Als de gegevens gemakkelijk toegankelijk en goed gedocumenteerd zijn, kunnen ontwikkelaars sneller prototypes maken en modellen iteratief verbeteren. In veel gevallen worden technieken zoals transfer learning gebruikt, waarbij vooraf getrainde modellen op grote gegevenssets als uitgangspunt worden gebruikt om de trainingstijd en de benodigde hoeveelheid gegevens te beperken.

De herkomst en ethiek van gegevens zijn ook belangrijke invloeden op de ontwikkeling van AI. De bron van de gegevens en de manier waarop ze zijn verzameld, beïnvloeden de kwaliteit en betrouwbaarheid van de modellen. Gegevens die afkomstig zijn van betrouwbare en ethisch onbetwistbare bronnen helpen het vertrouwen in de ontwikkelde AI-systemen te versterken. Tegelijkertijd moeten gegevensbescherming en -beveiliging worden gegarandeerd, vooral als het gaat om persoonlijke of gevoelige informatie. Naleving van de regelgeving voor gegevensbescherming, zoals de General Data Protection Regulation (GDPR) in de Europese Unie, is cruciaal om de rechten van betrokkenen te beschermen en juridische risico's te vermijden.

Modelcomplexiteit en de effecten ervan

De complexiteit van modellen is een ander belangrijk aspect van kunstmatige intelligentie en machinaal leren, omdat het van invloed is op de prestaties, generaliseerbaarheid en interpreteerbaarheid van AI-modellen. Een complex model kan een verscheidenheid aan parameters en diep geneste structuren bevatten waarmee het hoogdimensionale en niet-lineaire relaties in de gegevens kan vastleggen. Dit vermogen is bijzonder waardevol in toepassingsgebieden zoals beeld- en spraakherkenning, natuurlijke taalverwerking en de voorspelling van complexe patronen in grote datasets.

Een hogere complexiteit van het model stelt een AI-systeem in staat om fijnere en meer gedetailleerde patronen in de gegevens te herkennen. Dit is vooral nuttig in situaties waar de onderliggende relaties tussen variabelen complex en niet-lineair zijn. Door gebruik te maken van meerdere lagen neuronen in diepe neurale netwerken kan een complex model abstracte kenmerken uit de ruwe gegevens halen en deze kenmerken omzetten in steeds abstractere representaties. Een diep neuraal netwerk kan bijvoorbeeld eenvoudige randen en texturen in een afbeelding herkennen in de onderste lagen en complexe objecten zoals gezichten of voertuigen identificeren in de hogere lagen.

De mogelijkheid om complexe patronen te leren brengt echter ook het eerder genoemde risico van overfitting met zich mee. Een overfitting model kan uitstekend presteren op de trainingsgegevens, maar slecht presteren op nieuwe, onbekende gegevens omdat het de specifieke details van de trainingsgegevens niet kan overbrengen naar algemene gevallen.

De complexiteit van het model heeft ook invloed op de trainings- en rekentijd. Complexere modellen vereisen meer rekenkracht en langere trainingstijden om de optimale parameters te vinden. Dit vereist krachtige hardware, zoals GPU's of TPU's, en kan de ontwikkeling en implementatie van AI-modellen tijdrovend en duur maken. Daarnaast vereist het trainen van complexe modellen grote hoeveelheden gegevens om ervoor te zorgen dat het model genoeg voorbeelden heeft om de onderliggende patronen te leren. Dit kan een uitdaging zijn wanneer representatieve gegevens van hoge kwaliteit moeilijk te verkrijgen zijn.

De generaliseerbaarheid van een model, d.w.z. het vermogen om het over te brengen naar nieuwe, onbekende gegevens, wordt ook beïnvloed door de complexiteit van het model. Een te eenvoudig model kan de complexiteit van de gegevens niet volledig weergeven en leidt tot underfitting, waarbij het model niet in staat is om de relevante patronen in de gegevens te leren. Een te complex model daarentegen kan overfitting veroorzaken en het vermogen om te generaliseren aantasten. De sleutel is het vinden van de juiste balans tussen complexiteit en eenvoud om een model te ontwikkelen dat zowel de trainingsgegevens goed beschrijft als toepasbaar is op nieuwe gegevens.

Een ander belangrijk aspect van modelcomplexiteit is de interpreteerbaarheid. Eenvoudige modellen zoals lineaire regressies of beslisbomen zijn gemakkelijk te interpreteren omdat de relaties tussen de inputvariabelen en de output duidelijk en begrijpelijk zijn. Complexe modellen, vooral diepe neurale netwerken, staan daarentegen vaak bekend als black box-modellen omdat hun interne besluitvormingsprocessen moeilijk te begrijpen zijn. Dit kan problematisch zijn als de beslissingen van het model kritisch of veiligheidsrelevant zijn, zoals in de geneeskunde, de rechterlijke macht of de financiële sector. Onderzoek naar de verklaarbaarheid en transparantie van AI-modellen, ook wel Explainable AI (XAI) genoemd, heeft als doel de interne mechanismen van complexe modellen beter te begrijpen en ze begrijpelijk te maken.

De robuustheid en betrouwbaarheid van AI-modellen zijn ook nauw verbonden met hun complexiteit. Complexe modellen kunnen gevoelig zijn voor kleine veranderingen in de invoergegevens die leiden tot grote veranderingen in de uitvoer. Dit is vooral problematisch in veiligheidskritische toepassingen waar betrouwbare en stabiele voorspellingen nodig zijn. Technieken zoals adversaire training, waarbij het model wordt getraind op speciaal ontworpen invoer die bedoeld is om het model te verwarren, kunnen de robuustheid van complexe modellen helpen verbeteren.

Tot slot heeft de complexiteit van modellen ook ethische en maatschappelijke implicaties. Het gebruik van complexe, moeilijk te begrijpen modellen in besluitvormingsprocessen kan het vertrouwen van gebruikers en de samenleving in AI-systemen aantasten. Het is belangrijk dat de ontwikkelaars en gebruikers van AI-systemen nadenken over de impact van modelcomplexiteit op de transparantie en eerlijkheid van beslissingen en maatregelen nemen om ervoor te zorgen dat de modellen ethisch te rechtvaardigen en maatschappelijk aanvaardbaar zijn.

Eenvoud versus complexiteit

Het spanningsveld tussen eenvoud en complexiteit in modelontwikkeling is natuurlijk een ander belangrijk onderwerp in kunstmatige intelligentie en machinaal leren. Beide benaderingen hebben hun eigen voor- en nadelen en hebben een aanzienlijke invloed op de prestaties, generaliseerbaarheid, interpreteerbaarheid en efficiëntie van AI-modellen. Een beter begrip van dit spanningsveld is cruciaal voor de ontwikkeling van geoptimaliseerde oplossingen die voldoen aan de specifieke eisen en uitdagingen van verschillende toepassingsgebieden.

Eenvoud in modelontwikkeling betekent meestal dat het model relatief weinig parameters en een hanteerbare structuur heeft. Eenvoudige modellen zoals lineaire regressies, beslisbomen of logistische regressies zijn vaak gemakkelijk te begrijpen en te interpreteren. Ze geven duidelijk inzicht in de relaties tussen de input- en outputvariabelen en maken het mogelijk om de besluitvormingsprocessen van het model te begrijpen. Dit is vooral belangrijk op gebieden waar transparantie en traceerbaarheid cruciaal zijn, zoals geneeskunde, justitie of de financiële sector. Eenvoudige modellen zijn ook sneller te trainen en te implementeren, vereisen minder rekenkracht en zijn vaak robuuster voor kleine veranderingen in de invoergegevens.

Eenvoudige modellen hebben echter ook hun beperkingen. Vaak kunnen ze de complexiteit van de gegevens niet volledig weergeven, vooral als de onderliggende relaties tussen de variabelen niet-lineair of zeer complex zijn. In dergelijke gevallen kan een eenvoudig model leiden tot underfitting, waarbij het model de relevante patronen in de gegevens niet herkent en daardoor onnauwkeurige voorspellingen doet. Dit is vooral problematisch bij complexe taken zoals beeldherkenning, natuurlijke taalverwerking of het voorspellen van marktbewegingen, waarbij de gegevens vaak hoog-dimensionaal en zeer niet-lineair zijn.

Complexe modellen, zoals deep learning en meerlaagse neurale netwerken, bieden de mogelijkheid om hoog-dimensionale en niet-lineaire relaties in de gegevens vast te leggen. Ze kunnen abstracte kenmerken uit de ruwe gegevens halen en deze kenmerken omzetten in steeds complexere representaties, wat leidt tot nauwkeurigere en krachtigere voorspellingen. Dit is vooral waardevol in toepassingsgebieden zoals beeld- en spraakherkenning, natuurlijke taalverwerking en het voorspellen van complexe patronen in grote datasets. Door hun vermogen om subtiele en complexe patronen te herkennen, kunnen complexe modellen betere resultaten leveren dan eenvoudige modellen, vooral in datagestuurde en dynamische omgevingen.

De toegenomen complexiteit van het model brengt echter ook uitdagingen met zich mee. Complexe modellen zijn vaak vatbaarder voor overfitting, waarbij ze de trainingsgegevens te nauwkeurig leren en ook de ruis en willekeurigheid in de gegevens opvangen. Dit kan leiden tot slechte generaliseerbaarheid omdat het model de specifieke details van de trainingsgegevens niet kan overbrengen naar algemene gevallen. Om overfitting te voorkomen, moeten technieken zoals regularisatie, kruisvalidatie en het gebruik van uitvallagen worden gebruikt. Deze technieken verhogen echter de complexiteit van het trainingsproces en vereisen extra rekenkracht en expertise.

Een ander probleem met complexe modellen is hun brede interpreteerbaarheid. Diepe neurale netwerken en andere complexe modellen staan vaak bekend als black box-modellen, omdat hun interne besluitvormingsprocessen moeilijk te begrijpen zijn. Dit kan problematisch zijn als de beslissingen van het model kritisch of veiligheidsrelevant zijn. Er wordt voortdurend onderzoek gedaan naar de verklaarbaarheid en transparantie van AI-modellen om de interne mechanismen van complexe modellen beter te begrijpen en ze begrijpelijk te maken. Explainable AI (XAI) heeft als doel modellen te ontwikkelen die niet alleen efficiënt, maar ook transparant en begrijpelijk zijn.

De keuze tussen eenvoud en complexiteit is vaak een afweging die afhangt van de specifieke eisen en doelstellingen van het toepassingsgebied. In veel gevallen kan een hybride aanpak die elementen van beide benaderingen combineert de beste resultaten opleveren. Een eenvoudig model kan bijvoorbeeld worden gebruikt als startpunt om basispatronen te herkennen en een eerste beoordeling te geven. Een complexer model kan dan worden gebruikt om diepere en meer gedetailleerde analyses uit te voeren en nauwkeurigere voorspellingen te doen.

De complexiteit van de gegevens en de beschikbaarheid van computerbronnen zijn ook belangrijke factoren die de keuze tussen eenvoud en complexiteit beïnvloeden. Voor hoogdimensionale en complexe gegevens, zoals afbeeldingen, video's of genetische sequenties, zijn complexe modellen vaak essentieel om de relevante kenmerken effectief te extraheren en te leren. Voor minder complexe gegevens of in scenario's met beperkte computermiddelen kan een eenvoudiger model de betere keuze zijn, omdat het sneller te trainen en te implementeren is en vaak voldoende is om bruikbare resultaten te leveren.

De ethische en maatschappelijke implicaties van modelcomplexiteit mogen ook niet over het hoofd worden gezien. Complexe modellen kunnen moeilijk te begrijpen en te controleren zijn, wat het vertrouwen van gebruikers en de samenleving in AI-systemen kan aantasten. Het is belangrijk dat ontwikkelaars en gebruikers van AI-systemen nadenken over de impact van modelcomplexiteit op de transparantie en eerlijkheid van beslissingen en stappen ondernemen om ervoor te zorgen dat modellen ethisch en maatschappelijk aanvaardbaar zijn.

Overaanpassing en onderaanpassing

Overfitting en underfitting zijn twee fundamentele problemen die kunnen optreden bij de ontwikkeling van modellen voor machinaal leren, zoals eerder beschreven. Ze beïnvloeden het vermogen van een model om patronen in de gegevens te herkennen en ze te generaliseren naar nieuwe, onbekende gegevens. Inzicht in deze fenomenen is cruciaal om modellen te ontwikkelen die goed presteren op zowel trainingsgegevens als nieuwe gegevens.

Overfitting treedt op wanneer een model de trainingsgegevens te nauwkeurig leert en ook de ruis en willekeurigheid in de gegevens opvangt. Dit leidt ertoe dat het model zeer goede resultaten behaalt op de trainingsgegevens, maar slecht presteert op nieuwe, onbekende gegevens omdat het de specifieke details van de trainingsgegevens niet kan overbrengen naar algemene gevallen. Overfitting is vooral problematisch bij complexe modellen met veel parameters, zoals diepe neurale netwerken, die zeer flexibel zijn en zeer specifieke patronen kunnen leren. Er worden verschillende technieken gebruikt om overfitting te vermijden. Regularisatie is een methode die extra informatie toevoegt om het model te dwingen eenvoudigere en minder specifieke patronen te leren. Er zijn verschillende soorten regularisatie, zoals L1 en L2 regularisatie, die straffen toevoegen voor grote modelparameters om de complexiteit van het model te verminderen. Kruisvalidatie is een andere techniek waarbij de trainingsset in meerdere delen wordt verdeeld en het model meerdere keren wordt getraind en gevalideerd om ervoor te zorgen dat het goed generaliseert. Dropout, een techniek die wordt gebruikt in neurale netwerken, deactiveert willekeurig een aantal neuronen tijdens de training om de afhankelijkheid van het model van specifieke neuronen te verminderen en de robuustheid te vergroten.

Onderfitting treedt op wanneer een model de onderliggende patronen in de trainingsgegevens niet goed genoeg leert. Dit heeft tot gevolg dat het model slecht presteert op zowel de trainingsgegevens als de nieuwe gegevens. Onderfitting treedt vaak op als het model te eenvoudig is en niet genoeg capaciteit heeft om de complexiteit van de gegevens te vatten. Dit kan gebeuren als het model te weinig parameters heeft of als het gebruikte algoritme niet complex genoeg is om de onderliggende relaties in de gegevens te leren. Een eenvoudig voorbeeld is lineaire regressie, die niet in staat is om niet-lineaire relaties vast te leggen. Om underfitting te voorkomen, moet het model complexer worden gemaakt. Dit kan door complexere algoritmen te gebruiken, meer parameters of lagen in neurale netwerken toe te voegen of door extra en relevante kenmerken te bieden die het model kan leren.

De balans tussen overfitting en underfitting is cruciaal voor de ontwikkeling van een goed generaliserend model. Een goed generaliserend model is in staat om de onderliggende patronen in de trainingsgegevens te leren en deze patronen toe te passen op nieuwe gegevens. Dit vereist een zorgvuldige selectie en configuratie van het model, waaronder het kiezen van de juiste modelarchitectuur, de juiste hoeveelheid trainingsgegevens en de juiste technieken om overfitting en underfitting te voorkomen.

Een ander belangrijk aspect bij het vermijden van over- en underfitting is de selectie en voorbewerking van de gegevens. Representatieve en diverse trainingsgegevens van hoge kwaliteit zijn cruciaal voor de ontwikkeling van een goed generaliserend model. De voorbewerking van de gegevens, waaronder het opschonen, normaliseren en transformeren van de gegevens, speelt een belangrijke rol om ervoor te zorgen dat het model relevante en bruikbare patronen leert.

De grootte van de trainingsdataset is ook belangrijk. Grote datasets helpen om de effecten van ruis te verminderen en het generalisatievermogen van het model te verbeteren. Als er echter slechts beperkte gegevens beschikbaar zijn, kunnen technieken zoals gegevensvergroting worden gebruikt om kunstmatig extra trainingsgegevens te genereren. Bij gegevensverrijking worden nieuwe gegevenspunten gecreëerd door transformaties zoals rotatie, schaling of vervorming van bestaande gegevens, wat vooral nuttig is bij beeldverwerking.

Het kiezen van de juiste meetgegevens om de prestaties van het model te evalueren is ook cruciaal. Het is belangrijk om niet alleen de prestaties op de trainingsgegevens te evalueren, maar ook de prestaties op een aparte set testgegevens die niet werd gebruikt tijdens het trainingsproces. Dit helpt om ervoor te zorgen dat het model goed gegeneraliseerd is en niet alleen de specifieke details van de trainingsgegevens heeft geleerd. Metrieken zoals nauwkeurigheid, precisie, recall en de F1-score kunnen worden gebruikt om de prestaties van het model uitgebreid te evalueren.

Fenomenen van "psychoses" in AI

Beschrijving van wangedrag in AI-systemen

Het fenomeen "psychose" in kunstmatige intelligentie verwijst metaforisch naar situaties waarin AI-systemen gedrag vertonen dat onvoorspelbaar, irrationeel of onlogisch lijkt.

Dit soort wangedrag kan worden veroorzaakt door verschillende factoren, zoals foutieve gegevensverwerking, algoritmische problemen of technische storingen, enz. Zulke afwijkingen zorgen ervoor dat de AI resultaten of acties produceert die sterk afwijken van de verwachtingen van de gebruiker. Hoewel AI-systemen geen bewustzijn of emotionele toestand hebben en dus niet echt psychotisch kunnen zijn in de medische zin, biedt de metafoor een levendige manier om te beschrijven hoe en waarom AI-systemen soms onvoorspelbare en irrationele resultaten produceren.

Wangedrag in AI-systemen kan worden gedefinieerd als elk type reactie of resultaat dat afwijkt van de bedoelde of verwachte functies en mogelijk schadelijk of verwarrend is. Deze afwijkingen kunnen zich op verschillende manieren voordoen, zoals onlogische reacties, onvoorspelbare acties of foutieve besluitvorming.

Voorbeelden van onverwacht of onjuist gedrag

Vooringenomen beslissingen (bias)

Onverwacht of foutief gedrag in kunstmatige intelligentiesystemen kan zich op veel verschillende manieren manifesteren en heeft verstrekkende gevolgen, vooral als het gaat om bevooroordeelde beslissingen of vooringenomenheid.

Een klassiek voorbeeld van onverwacht of incorrect gedrag zijn spraakassistenten die verwarrende of onlogische antwoorden geven op eenvoudige vragen. Een gebruiker kan de stemassistent vragen om de weersvoorspelling en in plaats van een duidelijke weersvoorspelling kan de assistent antwoorden met een absurde of onsamenhangende verklaring. Dit gedrag kan te wijten zijn aan problemen bij de verwerking van natuurlijke taal, zoals misverstanden bij de interpretatie van het verzoek van de gebruiker of fouten bij de verwerking van contextuele informatie. Dergelijke fouten worden vaak veroorzaakt door ontoereikende trainingsgegevens die niet alle mogelijke variaties en nuances van de menselijke taal omvatten.

Een ander voorbeeld is het gedrag van autonome voertuigen, die onverwachte of gevaarlijke manoeuvres kunnen uitvoeren. Autonome voertuigen vertrouwen op verschillende sensoren en algoritmen om hun omgeving te begrijpen en veilig te navigeren. Als een voertuig echter plotseling van rijstrook verandert of abrupt remt door foutieve sensorgegevens of een verkeerde interpretatie van verkeerssituaties, kan dit tot gevaarlijke situaties leiden. Dergelijke problemen kunnen worden veroorzaakt door onvoldoende of vervormde trainingsgegevens die bepaalde verkeerssituaties niet goed weergeven, of door fouten in de algoritmen die worden gebruikt voor de verwerking en besluitvorming.

In de medische diagnostiek kunnen AI-systemen ook onverwacht of foutief gedrag vertonen als ze verkeerde diagnoses stellen of onnauwkeurige behandelplannen voorstellen. Een AI-systeem dat is getraind op beeldvormingsgegevens om ziekten zoals kanker op te sporen, kan fout-positieve of fout-negatieve resultaten geven door onvoldoende of bevooroordeelde trainingsgegevens. Dit heeft niet alleen medische gevolgen, maar ook ethische en juridische implicaties, omdat patiënten mogelijk een onnodige behandeling krijgen of een noodzakelijke behandeling wordt geweigerd. De kwaliteit en variatie van de trainingsgegevens is hier cruciaal om ervoor te zorgen dat het model de relevante patronen correct kan herkennen en diagnosticeren.

Een ander voorbeeld is kredietverlening, waarbij AI-systemen worden gebruikt om de kredietwaardigheid van aanvragers te beoordelen. Als de trainingsgegevens historische vertekeningen bevatten, zoals een systematische benadering van bepaalde sociale of etnische groepen, kan het AI-systeem deze vertekeningen overnemen en reproduceren in zijn beslissingen. Dit leidt tot een ongelijke behandeling van aanvragers, waarbij bepaalde groepen systematisch lagere kredietscores krijgen. Een dergelijke vertekening kan aanzienlijke economische en sociale gevolgen hebben en het vertrouwen in de eerlijkheid van AI-systemen ondermijnen.

In het strafrecht bijvoorbeeld kunnen AI-systemen die worden gebruikt om de kans op recidive van daders te voorspellen, ook onjuiste of bevooroordeelde beslissingen nemen. Als de trainingsgegevens vooroordelen bevatten, zoals hogere recidivecijfers voor bepaalde etnische groepen als gevolg van historische discriminatie, kan het AI-systeem deze vooroordelen overnemen en versterken. Dit leidt tot oneerlijke en discriminerende beslissingen die een grote impact kunnen hebben op het leven van de betrokkenen. Zulke systemen moeten daarom zorgvuldig worden ontwikkeld, gecontroleerd en herzien om ervoor te zorgen dat ze eerlijk en rechtvaardig zijn.

De oorzaak van veel van deze problemen ligt vaak in de trainingsgegevens, die niet alleen onjuist of ontoereikend kunnen zijn, maar ook systematische vooroordelen en vertekeningen kunnen bevatten. Deze vooroordelen kunnen bewust of onbewust aanwezig zijn in de gegevens en worden overgenomen en versterkt door het AI-systeem. Een voorbeeld hiervan is werving, waarbij AI-systemen historische gegevens gebruiken om de geschiktheid van sollicitanten te beoordelen. Als de historische gegevens een vooroordeel bevatten ten opzichte van bepaalde geslachten, etniciteiten of leeftijdsgroepen, kan het AI-systeem dit vooroordeel overnemen en bepaalde groepen sollicitanten systematisch benadelen.

Algoritmische problemen kunnen ook leiden tot onverwacht of foutief gedrag. Complexe algoritmes die gebruikt worden voor deep learning en neurale netwerken kunnen onverwachte interacties hebben tussen de verschillende lagen en neuronen, wat leidt tot onvoorspelbare resultaten. Deze problemen zijn vaak moeilijk te diagnosticeren en op te lossen omdat de interne besluitvormingsprocessen van dergelijke modellen complex en ondoorzichtig zijn. Dit vormt een uitdaging voor de interpreteerbaarheid en uitlegbaarheid van AI-modellen, wat vooral belangrijk is in veiligheidskritische en ethisch gevoelige toepassingen.

Technische fouten zoals hardwarefouten, softwarebugs of netwerkproblemen kunnen ook leiden tot onverwacht of onjuist gedrag. Een hardwarefout in de GPU die de berekeningen uitvoert of een softwarebug in de gegevensverwerkingsroutine kan ervoor zorgen dat het systeem onjuiste of onlogische resultaten levert. Zulke technische problemen vereisen robuuste foutdetectie- en correctiemechanismen om de betrouwbaarheid en stabiliteit van het AI-systeem te garanderen.

Misinterpretaties en hallucinaties

Misinterpretaties en hallucinaties in kunstmatige intelligentiesystemen zijn fenomenen waarbij de AI resultaten levert die sterk afwijken van de verwachte werkelijkheid.

Misinterpretaties ontstaan wanneer een AI-systeem invoergegevens verkeerd analyseert en daardoor tot de verkeerde conclusies komt. Een voorbeeld hiervan is beeldverwerking, waarbij een AI-systeem een object in een afbeelding verkeerd identificeert als een ander object. Een zelfrijdende auto kan bijvoorbeeld een schaduw op de weg interpreteren als een obstakel en abrupt remmen, ook al is er geen echt obstakel. Dergelijke verkeerde interpretaties kunnen het gevolg zijn van onjuiste of onvoldoende trainingsgegevens die het systeem niet voldoende hebben voorbereid op verschillende scenario's. Zwakke algoritmes of beperkingen in de verwerking van sensorgegevens kunnen dergelijke verkeerde interpretaties ook in de hand werken.

Hallucinaties in AI-systemen verwijzen naar het genereren van inhoud of resultaten die geen basis hebben in de invoergegevens. Deze verschijnselen komen vooral voor bij generatieve modellen, zoals modellen die worden gebruikt om tekst, afbeeldingen of andere creatieve inhoud te creëren.

Een bekend voorbeeld zijn generatieve adversariële netwerken, die realistisch ogende afbeeldingen kunnen genereren. Als zulke modellen echter verkeerd werken, kunnen ze beelden produceren die surrealistisch of bizar zijn en kenmerken bevatten die in de werkelijkheid niet voorkomen. Een tekstgeneratiemodel zou op een eenvoudige invoer kunnen reageren door onsamenhangende of absurd lange tekst te produceren die nergens op slaat.

Er zijn veel redenen voor verkeerde interpretaties en hallucinaties. Een veel voorkomende oorzaak is de kwaliteit en variatie van de trainingsgegevens. Algoritmische problemen spelen ook een belangrijke rol in de ontwikkeling van deze verschijnselen. Complexe modellen zoals diepe neurale netwerken hebben veel parameters en lagen die op elkaar inwerken. Als deze modellen niet goed geconfigureerd of geoptimaliseerd zijn, kunnen ze onverwachte interacties hebben die tot onjuiste resultaten leiden. Een diep neuraal netwerk dat wordt gebruikt voor beeldverwerking kan bijvoorbeeld vreemde artefacten produceren in de diepe lagen op basis van te complexe of verkeerd begrepen patronen.

Technische fouten, zoals hardwarefouten, softwarebugs of netwerkproblemen, kunnen ook leiden tot verkeerde interpretaties en hallucinaties. Een defecte sensor in een autonoom voertuig kan onjuiste gegevens leveren die het AI-systeem verkeerd interpreteert. Een softwarebug kan ervoor zorgen dat een tekstgeneratiemodel onsamenhangende of onzinnige teksten produceert. Zulke technische problemen vereisen robuuste foutdetectie- en correctiemechanismen om de betrouwbaarheid en stabiliteit van het AI-systeem te garanderen.

Vergelijking met menselijke psychosen

AI-misgedrag vergelijken met menselijke psychoses biedt een interessant perspectief om de werking en uitdagingen van kunstmatige intelligentie beter te begrijpen. Hoewel er belangrijke verschillen zijn, zijn er ook enkele opmerkelijke overeenkomsten die deze metafoor zowel nuttig als inzichtelijk maken.

Psychoses worden gekenmerkt door diepgaande verstoringen in de waarneming, het denken en de werkelijkheid. Mensen die lijden aan een psychose kunnen hallucinaties (waarnemingen zonder externe prikkels) en wanen (valse overtuigingen) ervaren. Deze symptomen zijn vaak het gevolg van biochemische onevenwichtigheden of structurele afwijkingen in de hersenen.

In vergelijking daarmee is wangedrag in AI-systemen het resultaat van foutieve gegevensverwerking, algoritmische problemen of technische storingen. Ondanks de fundamentele verschillen in de oorsprong en aard van de twee fenomenen, zijn er interessante parallellen die deze metafoor kunnen verklaren en illustreren.

Een van de opmerkelijkste overeenkomsten tussen menselijke psychoses en AI-gedrag is het verlies van referentie naar de werkelijkheid. Bij mensen met een psychose kan de perceptie van de werkelijkheid ernstig vervormd zijn, wat leidt tot hallucinaties en wanen.

Op dezelfde manier kunnen onjuiste gegevensverwerking of algoritmische problemen ervoor zorgen dat een AI resultaten levert die sterk afwijken van de werkelijkheid. Een algoritme voor beeldclassificatie zou bijvoorbeeld een afbeelding van een appel kunnen identificeren als een hond, wat neerkomt op een soort "hallucinatie", omdat de AI een object ziet dat niet bestaat.

Een ander vergelijkingspunt is de onvoorspelbaarheid en irrationaliteit van gedrag. In een menselijke psychose zijn acties en gedachten vaak onvoorspelbaar en onlogisch, vergelijkbaar met een AI die op bepaalde input reageert met onsamenhangende of onbegrijpelijke resultaten. Een spraakassistent kan op een eenvoudige vraag over het weer reageren met een verwarrend antwoord over filosofische concepten, wat voor de gebruiker net zo onvoorspelbaar en irrationeel lijkt als het gedrag van een persoon met psychose.

Ondanks deze parallellen zijn er natuurlijk ook belangrijke verschillen waarmee rekening moet worden gehouden. Menselijke psychoses zijn het gevolg van biologische en psychologische processen die gekoppeld zijn aan bewuste waarneming, emoties en individuele ervaringen. AI-systemen daarentegen zijn puur mechanistisch en datagestuurd, zonder bewustzijn of emoties. Hun "misdragingen" zijn het resultaat van foutieve algoritmen, onvoldoende gegevens of technische storingen en hebben geen subjectieve ervaring of intentionaliteit.

De oorzaken van onaangepast gedrag variëren ook. Bij menselijke psychoses spelen biochemische onevenwichtigheden, genetische aanleg en omgevingsfactoren een rol. Bij AI-systemen zijn het vaak de kwaliteit en representativiteit van de trainingsgegevens en de nauwkeurigheid en robuustheid van de algoritmen die het gedrag beïnvloeden. Een AI-model kan bevooroordeelde beslissingen nemen als het getraind is op gegevens die systematische vooroordelen bevatten. Dergelijke vooroordelen kunnen ertoe leiden dat het model discriminerende of oneerlijke beslissingen neemt, vergelijkbaar met de waanideeën van een psychotisch persoon die gebaseerd zijn op valse overtuigingen.

De oplossing en behandeling van deze problemen verschillen ook. Menselijke psychoses vereisen vaak medische interventies, zoals psychotherapie en medicatie, om de biochemische balans in de hersenen te herstellen en de psychologische symptomen te verlichten. Vaak is dit helemaal niet succesvol.

Bij AI-systemen vereist wangedrag maatregelen zoals het opschonen en verbeteren van de gegevenskwaliteit, het optimaliseren van algoritmen en het implementeren van robuuste controle- en onderhoudsmechanismen. Terwijl menselijke psychoses een diepgaand begrip van het individu en de biochemische achtergrond vereisen, vereist het corrigeren van AI-gedrag technische expertise en systematische benaderingen voor probleemoplossing.

Een ander verschil ligt in de schaalbaarheid van de oplossingen. Menselijke psychoses moeten individueel worden behandeld, omdat elke persoon unieke symptomen en oorzaken heeft. Met AI-systemen kunnen systematische verbeteringen in gegevenskwaliteit en algoritmearchitectuur mogelijk worden toegepast op veel toepassingen en modellen tegelijk. Eén verbeterd model of gecorrigeerde datapijplijn kan in veel verschillende contexten worden gebruikt, waardoor de efficiëntie en effectiviteit van de oplossingen toeneemt.

De ethische implicaties zijn ook een belangrijk punt van differentiatie. Bij de behandeling van menselijke psychose ligt de nadruk op het welzijn en de autonomie van de betrokkenen, wat complexe ethische overwegingen vereist. Bij AI-misbruik richten de ethische kwesties zich op de eerlijkheid, transparantie en verantwoordingsplicht van de algoritmen en systemen. Het is cruciaal om ervoor te zorgen dat AI-systemen geen discriminerende of onethische beslissingen nemen en dat gebruikers begrijpen hoe en waarom bepaalde beslissingen worden genomen.

We kunnen dus stellen dat het vergelijken van AI-misgedrag met menselijke psychoses een levendige metafoor biedt om de uitdagingen en risico's van AI-systemen beter te begrijpen. Hoewel er belangrijke verschillen zijn in de oorzaken, aard en behandelmethoden, helpen de parallellen om de potentiële gevaren en de noodzaak van zorgvuldige ontwikkeling en monitoring van AI-systemen te benadrukken. Een diepgaand begrip van deze verschijnselen kan helpen om robuustere, betrouwbaardere en ethisch verantwoorde AI-oplossingen te ontwikkelen die voldoen aan de verwachtingen en eisen van de samenleving.

Oorzaken van "psychoses" bij AI

Onjuiste of tegenstrijdige trainingsgegevens

De oorzaken van "psychose" in kunstmatige intelligentie kunnen velerlei zijn, maar een van de hoofdoorzaken zijn onjuiste of tegenstrijdige trainingsgegevens. Deze gegevensproblemen kunnen het gedrag van AI-systemen aanzienlijk beïnvloeden en leiden tot onvoorspelbare of irrationele resultaten. Trainingsgegevens vormen de basis waarop AI-modellen patronen leren herkennen en beslissingen nemen. Als deze gegevens niet van hoge kwaliteit zijn, kunnen de resulterende modellen navenant gebrekkig en onbetrouwbaar zijn.

Onjuiste trainingsgegevens kunnen op verschillende manieren ontstaan. Een veel voorkomende reden is de handmatige invoer van gegevens, wat kan leiden tot typefouten, onjuiste invoer of onvolledige gegevenssets. In grote datasets die afkomstig zijn van verschillende bronnen, kunnen inconsistenties en fouten onopgemerkt blijven en een negatieve invloed hebben op de prestaties van het model. Een voorbeeld hiervan is een dataset met medische diagnoses die door handmatige fouten onjuiste diagnoses of onvolledige patiëntinformatie bevat. Wanneer een AI-model wordt getraind op dergelijke gegevens, kan dit resulteren in onjuiste diagnoses of behandelplannen, wat ernstige gevolgen kan hebben voor de betrokken patiënten.

Inconsistente trainingsgegevens ontstaan als de gegevens inconsistente informatie bevatten die het model in de war brengt. Dit kan gebeuren als de gegevens afkomstig zijn van verschillende bronnen die verschillende standaarden en formaten gebruiken, of als de gegevens over een lange periode zijn verzameld en veranderingen in de onderliggende processen of systemen weerspiegelen. Een dataset met klantbeoordelingen van producten kan bijvoorbeeld zowel positieve als negatieve beoordelingen van hetzelfde product bevatten, zonder dat duidelijk is aangegeven onder welke omstandigheden de beoordelingen zijn gegeven. Een AI-model dat op dergelijke gegevens is getraind, kan moeite hebben om een consistente beoordeling te geven en inconsistente of tegenstrijdige aanbevelingen doen.

Een ander aspect van foutieve trainingsgegevens is de vooringenomenheid die aanwezig kan zijn in de gegevens. Deze vertekeningen kunnen systematische fouten in de gegevens zijn die worden veroorzaakt door historische ongelijkheden of vooroordelen. Wanneer een AI-model wordt getraind op zulke bevooroordeelde gegevens, kan het deze bevooroordeeldheid erven en reproduceren in zijn voorspellingen en beslissingen. Een typisch voorbeeld is de vertekening in sollicitatiegegevens, waar historische gegevens een systematische benadeling van bepaalde groepen weerspiegelen. Een AI-systeem dat getraind is op dergelijke gegevens kan deze nadelen onbewust versterken en bepaalde groepen sollicitanten systematisch uitsluiten.

De kwaliteit van de trainingsgegevens kan ook worden aangetast door onvoldoende representativiteit. Als de gegevens niet de volledige diversiteit van de echte wereld weerspiegelen, kan het model slechts in beperkte mate generaliseren. Dit betekent dat het goed presteert op de trainingsgegevens, maar faalt op nieuwe, onbekende gegevens. Een voorbeeld hiervan is een gezichtsherkenningsalgoritme dat voornamelijk is getraind met afbeeldingen van mensen met een bepaalde etniciteit. Een dergelijk model kan moeite hebben om gezichten van andere etniciteiten correct te herkennen, wat leidt tot foutieve of discriminerende resultaten. Deze problemen kunnen aanzienlijke maatschappelijke en ethische gevolgen hebben, vooral als de AI-systemen worden gebruikt in veiligheidskritische of maatschappelijk gevoelige toepassingen.

Onjuiste of tegenstrijdige trainingsgegevens kunnen ook het gevolg zijn van onvoldoende voorbereiding en voorbewerking van de gegevens. Het proces van gegevens voorbewerken omvat stappen zoals gegevens opschonen, normaliseren en transformeren om ervoor te zorgen dat de gegevens geschikt zijn voor training. Als deze stappen niet zorgvuldig worden uitgevoerd, kunnen onjuiste of onvolledige gegevens in het model worden opgenomen en de prestaties ervan beïnvloeden. Ontbrekende waarden in een dataset door onjuiste opvulling kunnen bijvoorbeeld leiden tot onjuiste aannames die het model misleiden.

Daarnaast kan de dynamiek van de echte wereld tot problemen leiden als de trainingsgegevens niet regelmatig worden bijgewerkt. Als een model wordt getraind op verouderde gegevens die de huidige omstandigheden niet weerspiegelen, kan het onjuist gedrag vertonen wanneer het wordt geconfronteerd met nieuwe, gewijzigde gegevens. Dit is vooral relevant op snel veranderende gebieden zoals de analyse van financiële markten of de mode-industrie, waar trends en omstandigheden voortdurend veranderen. Een AI-model dat niet regelmatig wordt gevoed met actuele gegevens kan foutieve voorspellingen doen die niet langer relevant of correct zijn.

Kwaliteit en diversiteit van gegevens

De kwaliteit en diversiteit van gegevens spelen een centrale rol bij het voorkomen van "psychose" in AI-systemen, die zich kan uiten in onvoorspelbare, irrationele of onlogische resultaten. Als gegevens van slechte kwaliteit of onvoldoende divers zijn, kan dit een grote invloed hebben op het vermogen van het model om nauwkeurige en betrouwbare voorspellingen te doen. Deze problemen kunnen zich op verschillende niveaus voordoen en hun effecten kunnen verstrekkend en complex zijn.

Datakwaliteit verwijst naar de nauwkeurigheid, consistentie, volledigheid en relevantie van de gegevens die worden gebruikt om AI-modellen te trainen. Gegevens van hoge kwaliteit zijn accuraat en bevatten geen fouten of inconsistenties. Als de gegevens echter onjuist of onvolledig zijn, kan het model onjuiste patronen leren en onnauwkeurige voorspellingen doen.

Een klassiek voorbeeld is medische diagnose, waarbij onvolledige of onjuiste patiëntendossiers kunnen leiden tot verkeerde diagnoses. In de financiële sector kunnen onjuiste gegevens leiden tot verkeerde investeringsbeslissingen, wat kan resulteren in aanzienlijke financiële verliezen.

Een ander aspect van gegevenskwaliteit is de consistentie van de gegevens. Als de gegevens uit verschillende bronnen komen en verschillende standaarden of formaten gebruiken, kunnen er inconsistenties ontstaan die het model in verwarring brengen. Dit kan ertoe leiden dat het model tegenstrijdige of onlogische beslissingen neemt. Een voorspellingsmodel voor klantvoorkeuren kan bijvoorbeeld moeite hebben om consistente resultaten te leveren als de onderliggende gegevens anders zijn geformatteerd of gedeeltelijk onvolledig zijn. Deze inconsistenties maken het moeilijk voor het model om duidelijke patronen te herkennen en correcte voorspellingen te doen.

De kwaliteit van gegevens wordt ook beïnvloed door verstoringen of vertekeningen die aanwezig kunnen zijn in de gegevens. Deze vertekeningen kunnen het gevolg zijn van historische ongelijkheden of systematische fouten en worden vaak overgenomen en versterkt door AI-modellen.

Een wervingsalgoritme dat gebaseerd is op historische gegevens kan bijvoorbeeld onbewust bestaande vooroordelen over geslacht of ras reproduceren, wat leidt tot oneerlijke of discriminerende wervingsbeslissingen. Dergelijke vooroordelen zijn bijzonder problematisch omdat ze moeilijk te herkennen en te corrigeren zijn, maar ze kunnen ook aanzienlijke sociale en ethische gevolgen hebben.

Naast kwaliteit speelt de diversiteit van gegevens een belangrijke rol bij het voorkomen van "psychose" in AI-systemen. Datadiversiteit verwijst naar de reeks gegevens die verschillende demografische groepen, geografische regio's, tijdsperioden en andere relevante variabelen omvat. Een gebrek aan diversiteit in de trainingsgegevens kan ertoe leiden dat het model niet in staat is om de diversiteit van de echte wereld adequaat weer te geven. Dit leidt tot een slecht generalisatievermogen van het model, dat op verschillende scenario's en omstandigheden moet kunnen reageren.

Een voorbeeld van de behoefte aan gegevensdiversiteit is gezichtsherkenningstechnologie. Als de trainingsgegevens voornamelijk bestaan uit afbeeldingen van mensen van een bepaalde etniciteit, kan het model moeite hebben om gezichten van mensen van andere etniciteiten correct te herkennen. Dit kan leiden tot een hogere foutmarge en discriminerende resultaten. Vergelijkbare problemen doen zich voor bij spraakherkenning wanneer de trainingsgegevens geen verschillende accenten en dialecten bevatten. Het model kan moeite hebben om sprekers met verschillende taalachtergronden te begrijpen, wat resulteert in een slechtere gebruikerservaring.

De combinatie van slechte gegevenskwaliteit en onvoldoende gegevensdiversiteit kan leiden tot bijzonder ernstig wangedrag in AI-systemen. Modellen die op dergelijke gegevens zijn getraind, hebben de neiging om onjuiste patronen te leren en onlogische of onvoorspelbare resultaten te produceren. Deze "psychoses" in AI-systemen kunnen de vorm aannemen van hallucinaties, waarbij het model inhoud of resultaten genereert die geen basis hebben in de invoergegevens. Een tekstgeneratiemodel kan bijvoorbeeld reageren op een eenvoudige vraag door onsamenhangende of absurd lange tekst te produceren die nergens op slaat. Zulke resultaten zijn niet alleen verwarrend, maar kunnen ook het vertrouwen van de gebruiker in de AI-technologie ondermijnen.

Overfitting en complexiteit van het model

Overfitting en modelcomplexiteit zijn twee nauw verwante concepten op het gebied van machinaal leren die de prestaties en generaliseerbaarheid van AI-modellen aanzienlijk beïnvloeden.

Overfitting treedt op wanneer een model de trainingsgegevens te nauwkeurig leert, met inbegrip van ruis en willekeurigheid, wat resulteert in slechte prestaties op nieuwe, onbekende gegevens. De complexiteit van het model speelt hier een centrale rol, omdat complexere modellen beter in staat zijn om de details van de trainingsgegevens vast te leggen, wat zowel voor- als nadelen heeft.

Van een model wordt gezegd dat het overgefitted is als het de specifieke patronen en willekeurigheden in de trainingsgegevens zo goed leert dat het niet meer kan generaliseren naar nieuwe gegevens. Dit betekent dat het model niet alleen de onderliggende, relevante patronen in de gegevens herkent, maar ook de ruis en de speciale kenmerken van de trainingsgegevens. Als gevolg hiervan kan het model extreem goed presteren op de trainingsgegevens, maar wanneer het gevalideerd wordt of toegepast wordt op nieuwe gegevens, presteert het aanzienlijk slechter. Dit is vooral problematisch omdat het doel van machinaal leren is om modellen te ontwikkelen die goed generaliseren op nieuwe, onbekende gegevens.

De complexiteit van het model verwijst naar het aantal parameters en de structuur van het model. Een eenvoudig model heeft minder parameters en een eenvoudigere structuur, terwijl een complex model veel parameters en een diep geneste structuur kan hebben. Diepe neurale netwerken zijn een voorbeeld van zeer complexe modellen die in staat zijn om hoog-dimensionale en niet-lineaire relaties in de gegevens vast te leggen. Hoewel dergelijke modellen het potentieel hebben om zeer krachtig te zijn, zijn ze ook vatbaarder voor overfitting omdat ze voldoende capaciteit hebben om de trainingsgegevens bijna perfect te leren, inclusief de ruis en willekeurigheid.

De belangrijkste oorzaak van overfitting ligt in de te grote flexibiliteit en capaciteit van het model in verhouding tot de kwantiteit en kwaliteit van de beschikbare trainingsgegevens. Als een model te veel parameters heeft in verhouding tot het aantal datapunten, kan het de trainingsgegevens te nauwkeurig leren. Dit leidt ertoe dat het model geen onderscheid kan maken tussen relevante patronen en willekeurige ruis. Een voorbeeld hiervan is een diep neuraal netwerk dat wordt getraind met een relatief klein aantal datapunten. Het netwerk kan de datapunten zo goed aanpassen dat het de trainingsgegevens perfect kan voorspellen, maar het zal slecht presteren met nieuwe gegevens omdat het de ruis van de trainingsgegevens heeft geleerd.

Er bestaan verschillende technieken om overfitting te vermijden en de complexiteit van het model te controleren. Een veelgebruikte methode is regularisatie, die extra beperkingen of straffen introduceert voor de modelparameters om hun waarden te beperken en zo de complexiteit van het model te verminderen. Veelgebruikte regularisatietechnieken zijn L1- en L2-regularisatie, die helpen om de modelparameters kleiner en eenvoudiger te houden, waardoor het risico op overfitting afneemt.

Een ander belangrijk hulpmiddel om overfitting te vermijden is kruisvalidatie. Bij kruisvalidatie wordt de trainingsset opgedeeld in verschillende delen en wordt het model meerdere keren getraind en gevalideerd door telkens één deel als validatieset te gebruiken en de overige delen als trainingsset. Dit helpt om het generalisatievermogen van het model beter te beoordelen en te verbeteren omdat het model wordt getest op verschillende subsets van de gegevens. Het geeft een robuustere schatting van de prestaties van het model en helpt het risico op overfitting te verminderen.

Dropout is een specifieke techniek die wordt gebruikt in diepe neurale netwerken om overfitting te voorkomen. Bij dropout worden willekeurig geselecteerde neuronen gedeactiveerd tijdens de training, wat voorkomt dat het model te afhankelijk wordt van bepaalde paden en verbindingen. Dit dwingt het model om meer redundante en robuuste kenmerken te leren die beter generaliseren. Dropout vermindert de afhankelijkheid van het model van specifieke neuronen en verbindingen en helpt het generalisatievermogen te verbeteren.

Het kiezen van de juiste complexiteit van het model is een evenwichtsoefening tussen underfitting en overfitting. Underfitting treedt op wanneer het model te eenvoudig is en niet in staat is om de onderliggende patronen in de gegevens vast te leggen. Dit leidt tot slechte prestaties op zowel de trainingsgegevens als de nieuwe gegevens. Een te eenvoudig model kan de complexiteit van de gegevens niet vastleggen en levert daarom onnauwkeurige voorspellingen. Het is belangrijk om een model te kiezen dat complex genoeg is om de relevante patronen in de gegevens vast te leggen, maar niet zo complex dat het de ruis en willekeurigheid van de trainingsgegevens leert.

Een goed begrip van de gegevens en het onderliggende probleem is cruciaal om de juiste complexiteit van het model te kiezen en overfitting te vermijden. Het is belangrijk om de gegevens grondig te analyseren om de structuur en eigenschappen ervan te begrijpen en vervolgens een model te kiezen dat bij deze structuur past. Daarnaast moeten technieken zoals regularisatie, kruisvalidatie en drop-out worden gebruikt om de complexiteit van het model te controleren en het risico op overfitting te verminderen.

In de praktijk vereist dit vaak iteratieve experimenten en fine-tuning. Ontwikkelaars moeten verschillende modelarchitecturen en hyperparametercombinaties testen om de beste balans te vinden tussen complexiteit en generaliseerbaarheid. Dit omvat het testen en valideren van modellen op afzonderlijke datasets om ervoor te zorgen dat ze goed generaliseren naar nieuwe, onbekende gegevens. Zorgvuldige planning, voortdurende controle en aanpassing van modellen kan het risico op overfitting minimaliseren en het generalisatievermogen maximaliseren.

Vertekening van gegevens en de effecten ervan

Soorten vooroordelen (cultureel, demografisch)

Gegevensvooringenomenheid is een ander kritiek probleem op het gebied van kunstmatige intelligentie dat een grote invloed kan hebben op de prestaties en eerlijkheid van AI-systemen. Deze vertekeningen ontstaan wanneer de gegevens die worden gebruikt om een model te trainen niet representatief zijn voor de werkelijke diversiteit en complexiteit van de echte wereld. Zulke vertekeningen kunnen ervoor zorgen dat AI-systemen onvoorspelbare of onlogische resultaten produceren, wat vaak wordt beschreven als AI "psychose". Verschillende soorten vooroordelen, waaronder culturele en demografische vooroordelen, dragen bij aan deze problemen en hebben verschillende effecten.

Culturele vooringenomenheid treedt op wanneer de trainingsgegevens cultureel vooringenomen zijn en dus bepaalde culturele normen, waarden of praktijken bevoordelen. Dit kan ertoe leiden dat AI-systemen bepaalde culturele groepen systematisch benadelen of verkeerd begrijpen. Een voorbeeld van culturele vooringenomenheid is een taalmodel dat voornamelijk is getraind met gegevens uit een specifieke taalcultuur en moeite heeft met het correct interpreteren van taalvarianten of jargon uit andere culturen. Dit kan leiden tot misverstanden, verkeerde vertalingen of ongepaste reacties die gebruikers uit ondervertegenwoordigde culturen benadelen of ergeren.

Demografische bias daarentegen treedt op wanneer de trainingsgegevens demografisch vertekend zijn en bepaalde bevolkingsgroepen over- of ondervertegenwoordigd zijn. Dit kan ertoe leiden dat AI-systemen beslissingen nemen die bepaalde demografische groepen systematisch benadelen. Een klassiek voorbeeld van demografische vertekening is gezichtsherkenningstechnologie. Als een model voornamelijk wordt getraind met afbeeldingen van mensen uit een bepaalde etniciteit of leeftijdsgroep, kan het moeite hebben om gezichten van mensen uit andere etniciteiten of leeftijdsgroepen correct te herkennen. Dit leidt tot hogere foutpercentages en mogelijk discriminerende resultaten die de betrokken personen aanzienlijk kunnen benadelen.

De invloed van gegevensvertekening op de prestaties en eerlijkheid van AI-systemen is aanzienlijk. Vertekende gegevens zorgen ervoor dat het model onjuiste of onnauwkeurige patronen leert, wat leidt tot foutieve of oneerlijke voorspellingen en beslissingen. Dit kan ernstige gevolgen hebben op veel gebieden, van medische diagnostiek tot leningen en strafrecht. In de medische diagnostiek kan een bevooroordeeld model bepaalde ziekten bij bepaalde populaties missen of verkeerd diagnosticeren omdat de trainingsgegevens deze groepen niet goed vertegenwoordigen. Bij leningen kunnen bepaalde demografische groepen systematisch lagere kredietscores krijgen omdat de historische gegevens vertekeningen bevatten die het model erft en versterkt. In het strafrecht kunnen bepaalde etnische groepen een hogere recidivekans krijgen omdat het model gebaseerd is op bevooroordeelde gegevens die historische onrechtvaardigheden weerspiegelen.

Deze vooroordelen leiden niet alleen tot onnauwkeurige of oneerlijke resultaten, maar ondermijnen ook het vertrouwen van gebruikers in AI-systemen. Wanneer gebruikers zich realiseren dat een AI-systeem systematisch bevooroordeelde of discriminerende beslissingen neemt, daalt het vertrouwen in de technologie en de toepassingen ervan. Dit kan de acceptatie en het succes van AI-systemen aanzienlijk beïnvloeden en leiden tot uitdagingen op het gebied van wet- en regelgeving.

Casestudies van AI-systemen met biasproblemen

Vertekening in AI-systemen is een wijdverbreid probleem dat een aanzienlijke impact heeft op verschillende toepassingen en industrieën. Er zijn verschillende goed gedocumenteerde casestudies die de risico's en uitdagingen illustreren die kunnen voortvloeien uit bevooroordeelde gegevens en modellen. Deze voorbeelden laten zien hoe vertekening kan leiden tot discriminerende en oneerlijke resultaten en benadrukken de noodzaak van zorgvuldig toezicht en correctiemechanismen bij de ontwikkeling van AI.

Een bekend voorbeeld is het Correctional Offender Management Profiling for Alternative Sanctions (COMPAS)-systeem, dat in de VS wordt gebruikt om de kans op recidive van gedetineerden te voorspellen. Onderzoek, met name een analyse door ProPublica in 2016, toonde aan dat het COMPAS-systeem systematisch een hogere recidivekans voorspelde voor zwarte verdachten in vergelijking met blanke verdachten, zelfs als de werkelijke recidivecijfers vergelijkbaar waren. Deze vertekening was het gevolg van de onderliggende gegevens die historische ongelijkheden en vooroordelen weerspiegelden. Het resultaat was een oneerlijke behandeling van minderheden die ernstige ethische en juridische bezwaren opriep en het vertrouwen in het gebruik van dergelijke systemen in het strafrechtsysteem ondermijnde.

Een andere casestudy is het gezichtsherkenningssysteem Rekognition van Amazon, dat door verschillende wetshandhavingsinstanties wordt gebruikt. Onderzoeken, waaronder een van het MIT Media Lab, toonden aan dat Rekognition significante foutpercentages had bij het herkennen van gezichten van vrouwen en mensen met een donkere huidskleur. Deze verschillen werden toegeschreven aan vertekeningen in de trainingsgegevens, die voornamelijk afbeeldingen van blanke mannen bevatten. Zulke vertekeningen in gezichtsherkenningssystemen kunnen leiden tot foutieve identificaties en oneerlijke behandeling, vooral in veiligheidskritische toepassingen zoals wetshandhaving.

Een ander prominent voorbeeld is het wervingsalgoritme van Amazon, dat werd ontwikkeld om cv's te beoordelen en geschikte kandidaten voor vacatures te identificeren. Het bleek dat het algoritme vrouwelijke sollicitanten systematisch benadeelde. Dit kwam doordat het model was getraind op historische gegevens die een vooroordeel ten opzichte van mannen weerspiegelden, aangezien de technologie-industrie van oudsher door mannen wordt gedomineerd. Het algoritme leerde de voorkeur te geven aan bepaalde termen en ervaringen die typisch geassocieerd worden met mannelijke sollicitanten, wat resulteerde in een discriminerende selectie van kandidaten. Amazon stopte uiteindelijk met het gebruik van deze tool nadat de vooroordelen waren ontdekt.

Een ander voorbeeld van vooroordelen in AI-systemen is het kredietscorende algoritme van Apple Card, dat wordt beheerd door Goldman Sachs. Rapporten in 2019 gaven aan dat het algoritme systematisch lagere kredietlimieten toekende aan vrouwen dan aan hun mannelijke tegenhangers, zelfs wanneer beide een vergelijkbaar financieel profiel hadden. Dit leidde tot publieke controverse en een onderzoek door toezichthouders. De vooroordelen in kredietscores werden toegeschreven aan historische gegevens en modellen die gendervooroordelen bevatten en benadrukten de verstrekkende gevolgen van vooroordelen in financiële diensten.

Er zijn ook voorbeelden van bias in AI-systemen in de medische diagnostiek. Een bekend voorbeeld is een algoritme dat werd ontwikkeld om de noodzaak van aanvullende onderzoeken bij patiënten met aandoeningen aan de luchtwegen te beoordelen. Studies toonden aan dat het model minder accuraat was voor patiënten met een donkere huidskleur omdat de trainingsgegevens voornamelijk afkomstig waren van patiënten met een lichtere huidskleur. Deze vertekening leidde tot ongelijke behandeling en mogelijk slechtere gezondheidsresultaten voor ondervertegenwoordigde groepen. Zulke voorbeelden benadrukken de noodzaak van gediversifieerde en representatieve trainingsgegevens om eerlijke en accurate medische algoritmen te ontwikkelen.

Een andere casestudy betreft taalmodellen zoals GPT-3, dat werd ontwikkeld door OpenAI. Onderzoek heeft aangetoond dat het model bepaalde racistische, seksistische en andere discriminerende inhoud kan genereren op basis van de gegevens waarop het is getraind. Deze vertekeningen weerspiegelen de vertekeningen die aanwezig zijn in de enorme tekstcorpora waarvan het model leert. De mogelijke implicaties zijn verstrekkend, aangezien dergelijke taalmodellen worden gebruikt in verschillende toepassingen, van chatbots tot geautomatiseerde tools voor het genereren van inhoud, en dus het risico lopen om deze vooroordelen te verspreiden en te versterken.

Deze casestudies illustreren de uiteenlopende effecten van bias in AI-systemen. Ze laten zien dat vertekeningen in de trainingsgegevens en modellen kunnen leiden tot discriminerende en oneerlijke resultaten die verstrekkende ethische, juridische en sociale gevolgen hebben. Zorgvuldige dataselectie, regelmatige controles en validatie en de ontwikkeling en implementatie van algoritmen voor biascorrectie zijn noodzakelijk om deze problemen te voorkomen en te elimineren. Daarnaast is bewustmaking en training van ontwikkelaars en besluitvormers cruciaal om bewustzijn te creëren van de mogelijke risico's en gevolgen van bias en om ervoor te zorgen dat AI-systemen eerlijk en verantwoord worden gebruikt.

Gevoeligheid voor onjuiste invoer

De gevoeligheid van AI-systemen voor onjuiste invoer is een andere belangrijke oorzaak van het fenomeen "psychose" in kunstmatige intelligentie, waarbij het gedrag van de AI onvoorspelbaar, irrationeel of onlogisch lijkt. Deze kwetsbaarheid betekent dat zelfs kleine fouten of afwijkingen in de invoergegevens ertoe kunnen leiden dat het model onjuiste of bizarre resultaten produceert. Deze kwetsbaarheid is vooral problematisch in veiligheidskritische toepassingen waar nauwkeurige en betrouwbare voorspellingen cruciaal zijn.

Onjuiste invoer kan van verschillende bronnen komen. Sensoren die gegevens aan het AI-systeem leveren kunnen bijvoorbeeld defect zijn en onjuiste of vervormde informatie genereren. Dit is vooral relevant in gebieden zoals autonome voertuigtechnologie, waar sensoren zoals camera's, lidar en radar continu gegevens over de omgeving verzamelen. Een kleine fout in een van deze sensoren, zoals een foutieve kalibratie of een vuile lens, kan leiden tot foutieve waarnemingen. Een autonoom voertuig kan een onschuldige schaduw interpreteren als een obstakel en plotseling remmen, wat tot gevaarlijke situaties kan leiden. Dit laat zien hoe gevoelig dergelijke systemen kunnen reageren op onjuiste invoer.

Een ander voorbeeld is beeldverwerking, waar de kleinste veranderingen in pixelwaarden de resultaten van een model aanzienlijk kunnen beïnvloeden. Een beeldclassificatiemodel kan tot onjuiste of absurde voorspellingen komen door ruis of kleine veranderingen in het beeld. Dit kan worden veroorzaakt door verschillende factoren, zoals de compressie van de afbeelding, veranderingen in de belichting of willekeurige pixelstoringen. Een afbeelding van een hond kan plotseling worden geclassificeerd als een kat, alleen maar omdat de afbeelding iets is aangepast. Deze gevoeligheid toont aan dat het model niet robuust genoeg is om met dergelijke variaties om te gaan, wat leidt tot onvoorspelbare resultaten.

Tekstverwerkende AI-systemen zijn ook gevoelig voor onjuiste invoer. Een kleine tikfout of ongebruikelijke formulering kan ervoor zorgen dat het model de context of betekenis van een tekst verkeerd interpreteert. Een spraakassistent kan op een verkeerd gespelde of onvolledige vraag reageren met een ongepast of betekenisloos antwoord. Dit soort verkeerde interpretaties kan bijzonder frustrerend zijn voor gebruikers en het vertrouwen in de technologie ondermijnen.

Onjuiste invoer kan ook worden veroorzaakt door kwaadwillige aanvallen, zogenaamde adversarial attacks. Hierbij worden opzettelijk kleine wijzigingen in de invoergegevens aangebracht om het model te misleiden en onjuiste voorspellingen te veroorzaken. Zo kunnen pixels in een afbeelding worden gemanipuleerd zodat het model een stopbord herkent als een voorrangsbord, wat tot potentieel gevaarlijke situaties kan leiden. Dit type aanval laat zien hoe gemakkelijk onjuiste invoer de robuustheid en betrouwbaarheid van een model kan ondermijnen.

Een ander probleem is het onvermogen van veel modellen om contextuele informatie te verwerken. Een model dat niet voldoende rekening kan houden met de context van een input kan gemakkelijk in de war raken door atypische of foutieve gegevens. Een AI-systeem dat medische gegevens analyseert, zou bijvoorbeeld symptomen en testresultaten kunnen interpreteren zonder de klinische context en zo verkeerde diagnoses kunnen stellen. Een medisch algoritme zou een ongewoon maar onschuldig symptoom kunnen classificeren als een ernstige ziekte, simpelweg omdat de invoergegevens niet volledig of contextueel passend zijn.

De gevolgen van deze kwetsbaarheid zijn verstrekkend. In veiligheidskritische toepassingen kan onjuiste invoer leiden tot gevaarlijke situaties die de veiligheid van mensen in gevaar brengen. In de medische diagnostiek kunnen ze leiden tot onjuiste diagnoses en behandelplannen, met gevolgen voor de gezondheid en het welzijn van patiënten. In financiële toepassingen kan onjuiste invoer leiden tot onjuiste voorspellingen en investeringsbeslissingen, die aanzienlijke financiële verliezen kunnen veroorzaken. Deze problemen benadrukken de noodzaak om de robuustheid en betrouwbaarheid van AI-systemen te verbeteren.

Er zijn verschillende maatregelen nodig om deze gevoeligheid voor onjuiste invoer te verminderen. Zorgvuldige voorbewerking van gegevens is cruciaal om ruis en fouten in de invoergegevens te minimaliseren. Dit omvat technieken zoals filteren en normaliseren van de gegevens en het implementeren van algoritmen voor foutdetectie en -correctie. De ontwikkeling en implementatie van robuuste modellen die minder gevoelig zijn voor kleine veranderingen in de invoergegevens is ook cruciaal. Dit omvat technieken zoals gegevensuitbreiding, regularisatie en het gebruik van robuuste modelarchitecturen die het generalisatievermogen verbeteren.

Een andere belangrijke aanpak is het voortdurend controleren en valideren van de modellen tijdens het gebruik. Modellen moeten regelmatig worden gecontroleerd om ervoor te zorgen dat ze robuust en betrouwbaar werken, zelfs onder veranderde omstandigheden en met nieuwe gegevens. Dit omvat het implementeren van mechanismen om wangedrag op te sporen en te corrigeren en om de modellen aan te passen aan nieuwe gegevens en omstandigheden.

Tot slot is opleiding en bewustmaking van ontwikkelaars en besluitvormers van cruciaal belang. Het is belangrijk dat alle belanghebbenden de potentiële risico's en gevolgen van onjuiste invoer begrijpen en in staat zijn om passende maatregelen te nemen om de robuustheid en betrouwbaarheid van modellen te verbeteren. Dit omvat training en richtlijnen voor het ontwikkelen van robuuste en betrouwbare AI-systemen, evenals het opzetten van interdisciplinaire teams die verschillende perspectieven en expertise inbrengen.

Belang van robuustheid voor betrouwbaarheid

De robuustheid van een AI-systeem is cruciaal voor de betrouwbaarheid en speelt een centrale rol in het vermijden van "psychose" in AI. Robuustheid is het vermogen van een model om stabiel en consistent te functioneren onder verschillende omstandigheden, inclusief wanneer het geconfronteerd wordt met onverwachte input, ruis of andere verstoringen. Een robuust AI-systeem kan effectief reageren op variaties in de gegevens en betrouwbare resultaten leveren, zelfs onder onzekere of wisselende omstandigheden. Dit is vooral belangrijk om het vertrouwen in AI-systemen te garanderen en het gebruik ervan in kritieke toepassingen te ondersteunen.

Een robuust AI-systeem is minder gevoelig voor fouten en kan betrouwbaardere voorspellingen doen, zelfs als de invoergegevens onjuist of onvolledig zijn. Dit is cruciaal omdat de kwaliteit van invoergegevens in veel echte toepassingen kan variëren. Sensoren kunnen foutieve gegevens leveren, gebruikers kunnen invoerfouten maken en de omgevingsomstandigheden kunnen veranderen. Een robuust systeem kan deze uitdagingen overwinnen en stabiele prestaties leveren, waardoor het risico op wangedrag en onvoorspelbare resultaten wordt geminimaliseerd.

Het belang van robuustheid is duidelijk zichtbaar in autonome voertuigtechnologie. Autonome voertuigen zijn afhankelijk van nauwkeurige en betrouwbare beslissingen in realtime om veilig te kunnen navigeren. Een robuust model kan omgaan met kleine fouten in de sensorgegevens, zoals de aanwezigheid van schaduwen, regen of mist, en toch correcte beslissingen nemen. Als een model niet robuust is, kan het gemakkelijk uit balans worden gebracht door dergelijke storingen, wat kan leiden tot gevaarlijke manoeuvres zoals abrupt remmen of uitwijken. Dit brengt niet alleen de inzittenden van het voertuig in gevaar, maar ook andere weggebruikers.

Een ander voorbeeld van het belang van robuustheid is medische diagnostiek. Op dit gebied moeten AI-systemen nauwkeurige en betrouwbare diagnoses stellen, vaak op basis van verschillende en soms onvolledige medische gegevens. Een robuust model kan omgaan met wisselende gegevenskwaliteit en toch accurate diagnoses stellen. Als een model niet robuust is, kan het onjuiste diagnoses stellen wanneer het wordt geconfronteerd met onvolledige of enigszins foutieve gegevens. Dit kan ernstige gevolgen hebben voor patiënten, zoals verkeerde behandelingen en vertraagde herstelprocessen.

De robuustheid van AI-systemen speelt ook een doorslaggevende rol in de financiële sector. Financiële markten zijn dynamisch en worden beïnvloed door vele onvoorspelbare factoren. Een robuust model kan stabiele voorspellingen doen en beslissingen nemen onder verschillende marktomstandigheden, wat cruciaal is voor het succes en de betrouwbaarheid van financiële strategieën. Een niet-robuust model kan overweldigd worden door onverwachte marktveranderingen, wat kan leiden tot aanzienlijke financiële verliezen.

De robuustheid van AI-systemen is ook cruciaal voor de betrouwbaarheid en acceptatie van dergelijke systemen. Als gebruikers weten dat een AI-systeem ook onder wisselende omstandigheden betrouwbare resultaten oplevert, neemt het vertrouwen in de technologie toe. Dit is vooral belangrijk in veiligheidskritische toepassingen, waar de gevolgen van wangedrag ernstig kunnen zijn. Een robuust systeem geeft gebruikers het signaal dat het betrouwbaar werkt, zelfs in onverwachte situaties, wat de acceptatie en het vertrouwen in de technologie bevordert.

De ontwikkeling van robuuste AI-systemen vereist zorgvuldige modellering en validatie. Dit omvat het gebruik van diverse en representatieve trainingsgegevens die de diversiteit en complexiteit van de echte wereld weerspiegelen. Door data-uitbreidingstechnieken te integreren, kunnen modellen robuuster worden gemaakt voor variaties in de invoergegevens. Regularisatietechnieken helpen om de complexiteit van het model onder controle te houden en overfitting te voorkomen, wat het generalisatievermogen van het model verbetert.

Een ander belangrijk aspect van robuustheid is de voortdurende controle en het onderhoud van de modellen nadat ze zijn ingezet. De omgevingen waarin AI-systemen worden ingezet, kunnen na verloop van tijd veranderen en nieuwe gegevens kunnen nieuwe uitdagingen met zich meebrengen. Regelmatige updates en aanpassingen van de modellen zijn nodig om ervoor te zorgen dat ze robuust en betrouwbaar blijven werken. Dit omvat het implementeren van mechanismen om wangedrag te detecteren en corrigeren en het aanpassen van de modellen aan nieuwe gegevens en omstandigheden.

Robuustheid kan ook worden verbeterd door ensemblingmethoden te gebruiken, waarbij meerdere modellen worden gecombineerd om de algehele prestaties te stabiliseren. Deze methoden maken gebruik van de sterke punten van verschillende modellen en verkleinen de kans dat een enkel model faalt door variaties in de gegevens. Ensembling kan helpen om de betrouwbaarheid en stabiliteit van voorspellingen te verhogen en de gevoeligheid voor onjuiste invoer te verminderen.

Gevolgen en risico's van psychotische AI

Effecten op beslissingen en systemen

Een van de ernstigste gevolgen van een "AI-psychose" is het verlies van vertrouwen in de technologie. Wanneer AI-modellen onjuiste beslissingen nemen of vooroordelen vertonen, verliezen gebruikers en organisaties het vertrouwen in de systemen. Dit kan leiden tot een lagere acceptatie en een lager gebruik van AI-technologieën en de voordelen en efficiëntie ervan aanzienlijk verminderen. Dergelijk wantrouwen kan invloed hebben op alle gebieden waar AI wordt gebruikt, van geneeskunde tot financiën tot strafrecht.

Sociale ongelijkheid kan worden versterkt door de vooringenomenheid van AI-systemen. Wanneer algoritmen worden getraind op bevooroordeelde gegevens, bestendigen ze bestaande discriminatie en onrechtvaardigheid. Vergelijkbare risico's bestaan op andere gebieden zoals human resources, kredietverlening en gezondheidszorg, waar bevooroordeelde algoritmen de kansen en levenskwaliteit van achtergestelde groepen negatief kunnen beïnvloeden.

Een ander probleem met AI-systemen is het gebrek aan transparantie en verantwoording. Veel AI-modellen, vooral die op basis van deep learning, zijn complex en moeilijk te interpreteren. Deze "black box" aard van de modellen maakt het moeilijk om beslissingen te begrijpen en verantwoordelijkheden toe te wijzen. In het geval van verkeerde beslissingen is het vaak moeilijk om te bepalen wie verantwoordelijk kan worden gehouden, wat de juridische en ethische controle van de technologie aanzienlijk bemoeilijkt.

Daarnaast kunnen AI-psychoses directe veiligheidsrisico's met zich meebrengen. In veiligheidskritische toepassingen zoals autonoom rijden of medische diagnose kunnen verkeerde beslissingen leiden tot lichamelijk letsel of zelfs het verlies van mensenlevens. Dit benadrukt de noodzaak van strenge veiligheids- en testprotocollen voor AI-systemen om ervoor te zorgen dat ze betrouwbaar en veilig werken in kritieke situaties.

De impact van AI-psychose op de besluitvorming van bedrijven is ook aanzienlijk. Organisaties die AI gebruiken voor besluitvorming moeten rekening houden met de risico's van AI-psychose, aangezien slechte beslissingen aanzienlijke financiële en reputatiegevolgen kunnen hebben. Veel bedrijven investeren daarom in robuuste validatie- en controlemechanismen om de integriteit van hun AI-modellen te waarborgen en het risico op slechte beslissingen te minimaliseren.

Op regelgevend en ethisch niveau hebben de uitdagingen van AI-psychose al geleid tot de ontwikkeling van strengere randvoorwaarden. Overheden en internationale organisaties werken aan richtlijnen om de transparantie, eerlijkheid en veiligheid van AI-systemen te waarborgen. Deze maatregelen omvatten ook eisen voor de documentatie en uitleg van besluitvormingsprocessen door AI om ervoor te zorgen dat de systemen op een traceerbare en verantwoordelijke manier werken.

Verkeerde beslissingen op gevoelige gebieden (bijv. justitie, geneeskunde)

Foutieve beslissingen op gevoelige gebieden zoals justitie en geneeskunde, veroorzaakt door grillige verschijnselen van kunstmatige intelligentie, zijn bijzonder zorgwekkend. De zogenaamde psychoses van AI - de foutieve of bevooroordeelde beslissingen van AI-systemen - kunnen het vertrouwen in deze technologieën aanzienlijk ondermijnen en ernstige gevolgen hebben voor de betrokken personen en de samenleving als geheel.

In het rechtssysteem kan het gebruik van AI-systemen om de kans op recidive te voorspellen of om te helpen bij het nemen van beslissingen over het weigeren van borgtocht en veroordelingen een grote impact hebben. Algoritmes die getraind zijn op historische gegevens weerspiegelen vaak de vooroordelen en ongelijkheden die in die gegevens aanwezig zijn. Dit kan ertoe leiden dat bepaalde bevolkingsgroepen, vooral minderheden, systematisch worden benadeeld. Als een AI-systeem bijvoorbeeld een hogere waarschijnlijkheid aangeeft voor leden van bepaalde etnische groepen bij het voorspellen van de waarschijnlijkheid van recidive, gebaseerd op historische arrestatie- en veroordelingsgegevens, bestendigt het bestaande ongelijkheden in het strafrechtsysteem. Dit kan leiden tot zwaardere straffen en langere gevangenisstraffen voor deze groepen, waardoor de sociale onrechtvaardigheid verder toeneemt en het vertrouwen in het rechtssysteem wordt ondermijnd.

Op medisch gebied kunnen de verkeerde beslissingen van AI-systemen net zo verwoestend zijn. AI wordt steeds vaker gebruikt voor het diagnosticeren van ziekten, het voorspellen van het verloop van ziekten en het helpen bij beslissingen over behandelingen. Als de onderliggende gegevens waarop deze systemen zijn getraind echter vooroordelen of onnauwkeurigheden bevatten, kunnen de resulterende diagnoses en aanbevelingen net zo gebrekkig zijn. Een voorbeeld hiervan is een AI-systeem dat door onvolledige of bevooroordeelde gegevens bepaalde symptomen bij vrouwen of etnische minderheden minder snel zal interpreteren als indicatoren van een ernstige ziekte. Dit kan ertoe leiden dat ernstige aandoeningen over het hoofd worden gezien of verkeerd worden gediagnosticeerd, wat resulteert in een inadequate of onjuiste behandeling. De gevolgen voor de gezondheid van patiënten kunnen ernstig zijn, waaronder verergering van de ziekte of zelfs overlijden als levensreddende behandelingen niet tijdig worden toegediend.

Deze verkeerde beslissingen worden verergerd door de "black box" aard van veel AI-modellen. De complexiteit en ondoorzichtigheid van de algoritmen maken het vaak moeilijk om de redenen voor bepaalde beslissingen te begrijpen. In het rechtssysteem kan dit betekenen dat een beklaagde of zijn verdediging niet kan begrijpen waarom een bepaalde risicoscore tot een zwaardere straf heeft geleid. In de geneeskunde kunnen artsen en patiënten niet begrijpen waarom een bepaalde diagnose is gesteld of een bepaalde behandeling is aanbevolen, waardoor het vertrouwen in de gezondheidszorg verder wordt ondermijnd.

Bovendien brengen deze verkeerde beslissingen ethische en juridische uitdagingen met zich mee. Wie draagt de verantwoordelijkheid als een door AI ondersteunde beslissing aantoonbaar fout is en leidt tot een onrechtvaardig vonnis of een onjuiste medische diagnose? Het toewijzen van verantwoordelijkheid wordt vooral moeilijk als de besluitvorming gebaseerd is op complexe algoritmen die door verschillende actoren ontwikkeld en geïmplementeerd worden. Dit vereist een zorgvuldige afweging van ethische principes en het creëren van duidelijke regelgevingskaders om ervoor te zorgen dat AI-systemen transparant zijn en verantwoording afleggen.

Potentiële economische schade

De potentiële economische schade door verkeerde beslissingen en vooringenomenheid kan ook aanzienlijk zijn.

Een belangrijk risico is dat onjuiste beslissingen van AI-systemen in bedrijven kunnen leiden tot aanzienlijke financiële verliezen. Als een AI-systeem bijvoorbeeld in de financiële sector wordt gebruikt om handelsbeslissingen te nemen, kan een onjuiste analyse of vooringenomenheid in de onderliggende gegevens leiden tot suboptimale investeringsbeslissingen. Dit kan leiden tot aanzienlijke financiële verliezen voor bedrijven en investeerders. Op dezelfde manier kunnen AI-gebaseerde kredietscoringsmodellen die vooroordelen bevatten, leiden tot onjuiste voorspellingen van wanbetalingen op leningen, wat van invloed is op kredietverstrekkingspraktijken en het risico op wanbetalingen op leningen vergroot.

Daarnaast kunnen verkeerde beslissingen in de supply chain en logistieke planning op basis van foute AI-analyses aanzienlijke economische schade veroorzaken. Als een AI-systeem onjuiste voorspellingen doet over de vraag of levertijden, kan dit leiden tot inefficiënt magazijnbeheer, overtollige voorraden of knelpunten in de levering. Dit heeft niet alleen directe gevolgen voor de betrokken bedrijven, maar kan ook leiden tot verstoringen in de hele toeleveringsketen, waardoor de economische activiteit in verschillende sectoren wordt beïnvloed.

Het gebrek aan transparantie en uitlegbaarheid van veel AI-modellen verergert deze problemen. Als bedrijven de besluitvormingsprocessen van hun AI-systemen niet volledig begrijpen, zijn ze minder goed in staat om potentiële fouten te herkennen en te corrigeren. Dit kan leiden tot een kettingreactie van verkeerde beslissingen die een negatieve impact hebben op de algemene economische prestaties.

Juridische en regelgevende gevolgen kunnen ook leiden tot aanzienlijke economische schade. Als bedrijven wettelijke regels of ethische normen overtreden door verkeerde AI-beslissingen, kunnen ze geconfronteerd worden met hoge boetes en schadeclaims. Dit is vooral relevant in sterk gereguleerde sectoren zoals de financiele sector, de gezondheidszorg en gegevensbescherming. Dergelijke juridische gevolgen kunnen niet alleen directe financiële schade veroorzaken, maar ook blijvende schade toebrengen aan de reputatie van een bedrijf en het vertrouwen van klanten en investeerders ondermijnen.

Daarnaast kan de introductie van gebrekkige of bevooroordeelde AI-systemen leiden tot een verlies aan consumentenvertrouwen. Als klanten het gevoel hebben dat ze oneerlijk worden behandeld door AI-beslissingen, of het nu gaat om kredietbeslissingen, verzekeringsclaims of gepersonaliseerde diensten, kan dit leiden tot klantenverlies en een daling van de verkoop. Bedrijven moeten er daarom voor zorgen dat hun AI-systemen eerlijk, transparant en betrouwbaar zijn om het vertrouwen van klanten te winnen en te behouden.

Op de lange termijn kan de economische schade die wordt veroorzaakt door een "AI-psychose" ook de innovatiekracht en het concurrentievermogen van bedrijven en hele bedrijfstakken aantasten. Als bedrijven aarzelen om AI-technologieën in te zetten of verder te ontwikkelen omdat ze bang zijn voor de potentiële risico's, kan dit de technologische vooruitgang en het concurrentievermogen op wereldschaal belemmeren. Dit is met name relevant in een tijd waarin technologische innovatie een drijvende kracht is voor economische groei en ontwikkeling.

Sociale acceptatie van AI

De sociale acceptatie van kunstmatige intelligentie is een moeilijke kwestie die door verschillende factoren wordt beïnvloed. Deze omvatten vertrouwen in de technologie, de waargenomen eerlijkheid en ethiek van de toepassingen, evenals de transparantie en uitlegbaarheid van de besluitvormingsprocessen. Om de acceptatie van AI in de samenleving te bevorderen, moeten deze factoren zorgvuldig worden aangepakt.

Ten eerste speelt vertrouwen een cruciale rol. De brede acceptatie van AI hangt grotendeels af van hoe betrouwbaar de technologie wordt gevonden. Vertrouwen wordt gecreëerd door transparante processen, begrijpelijke besluitvormingspaden en betrouwbare prestaties. Als AI-systemen consistente en correcte resultaten kunnen leveren, neemt het vertrouwen van gebruikers toe. Dit is vooral belangrijk op kritieke gebieden zoals gezondheidszorg, justitie en financiën, waar verkeerde beslissingen ernstige gevolgen kunnen hebben. Een betrouwbaar AI-systeem moet begrijpelijk zijn, zodat gebruikers kunnen begrijpen hoe en waarom bepaalde beslissingen worden genomen. Deze uitlegbaarheid helpt het vertrouwen te versterken en de acceptatie te bevorderen.

Een andere belangrijke factor is de perceptie van de eerlijkheid en ethiek van AI-toepassingen. Maatschappelijke acceptatie is sterk afhankelijk van de vraag of mensen geloven dat AI eerlijk en onbevooroordeeld handelt. Historische vooroordelen en discriminatie in trainingsgegevens kunnen leiden tot vooringenomen beslissingen die bepaalde groepen systematisch benadelen. Dit kan het vertrouwen in de technologie aanzienlijk ondermijnen. Om dit te voorkomen, moeten ontwikkelaars ervoor zorgen dat AI-systemen worden getraind op diverse en representatieve datasets. Daarnaast moeten mechanismen voor het herkennen en beperken van vooroordelen worden geïmplementeerd om eerlijke en rechtvaardige beslissingen te garanderen.

De transparantie en uitlegbaarheid van AI-systemen zijn ook cruciaal voor hun maatschappelijke acceptatie. Mensen moeten de besluitvormingsprocessen van AI kunnen begrijpen om vertrouwen in de technologie te ontwikkelen. Dit vereist niet alleen technische oplossingen, maar ook duidelijke communicatiestrategieën die op een begrijpelijke manier uitleggen hoe AI werkt. Onderwijs en informatie spelen hierbij een centrale rol. Gerichte onderwijsprogramma's kunnen misverstanden en angsten verminderen en zorgen voor een beter begrip van de mogelijkheden en beperkingen van AI. Een geïnformeerd publiek is eerder bereid om AI-toepassingen te accepteren en te ondersteunen.

De ethische implicaties van het gebruik van AI moeten ook zorgvuldig worden overwogen. Dit houdt ook in dat de regelgeving voor gegevensbescherming en de verantwoorde omgang met persoonsgegevens moet worden nageleefd. De maatschappij moet ervoor zorgen dat het gebruik van AI in overeenstemming is met ethische normen en waarden. Dit kan worden bereikt door ethische richtlijnen en normen te ontwikkelen en te implementeren die een verantwoord gebruik van AI bevorderen. Regelgevende instanties en beleidsmakers spelen hierbij een belangrijke rol door kaders te creëren die een ethisch gebruik van AI waarborgen.

Een ander element dat de sociale acceptatie van AI beïnvloedt, is de integratie van de technologie in het dagelijks leven. Hoe meer mensen positieve ervaringen hebben met AI-toepassingen, hoe groter de kans dat ze de technologie zullen accepteren. Dit kan worden ondersteund door gebruiksvriendelijke ontwerpen en intuïtieve interfaces die de interactie tussen mensen en AI-systemen vergemakkelijken. Succesvolle toepassingen op gebieden als spraakassistenten, gepersonaliseerde aanbevelingen en geautomatiseerde diensten kunnen helpen de acceptatie te vergroten door de voordelen van AI in het dagelijks leven aan te tonen.

Tot slot spelen de publieke perceptie en de berichtgeving in de media een belangrijke rol bij de maatschappelijke acceptatie van AI. Sensationele berichtgeving over de potentiële gevaren en het misbruik van AI kan de angst aanwakkeren en de acceptatie verminderen.

Vertrouwen in AI-systemen

Vertrouwen in AI-systemen is een belangrijk onderwerp, vooral in de context van zogenaamde "AI-psychoses". Deze psychoses, die kunnen worden omschreven als gebrekkige of bevooroordeelde beslissingen van AI-systemen, kunnen het vertrouwen in deze technologieën aanzienlijk ondermijnen.

Ten eerste is de transparantie van AI-systemen een belangrijke factor voor vertrouwen. Transparantie betekent dat de besluitvormingsprocessen van de AI begrijpelijk en begrijpelijk zijn. Dit is vooral belangrijk als het gaat om complexe algoritmen die zijn gebaseerd op deep learning.

Een ander cruciaal aspect is de eerlijkheid van de AI-systemen. Vertrouwen kan alleen ontstaan als mensen er zeker van kunnen zijn dat de beslissingen van de AI eerlijk en onbevooroordeeld zijn. De uitdaging is dat AI-systemen worden getraind op historische gegevens die vooroordelen en vooroordelen kunnen bevatten. Deze vooroordelen kunnen worden opgenomen in de modellen en vervolgens worden gereproduceerd in de beslissingen van de AI. Om dit probleem aan te pakken, moeten ontwikkelaars ervoor zorgen dat de trainingsgegevens representatief en evenwichtig zijn. Daarnaast moeten algoritmes worden gebruikt om vooroordelen te herkennen en te corrigeren. Technieken zoals bias mitigation en fairness constraints kunnen helpen om de eerlijkheid van AI-systemen te verbeteren en zo het vertrouwen van gebruikers te vergroten.

De betrouwbaarheid en robuustheid van AI-systemen zijn ook cruciaal voor het vertrouwen. Gebruikers moeten erop kunnen vertrouwen dat de AI consistente en correcte beslissingen neemt onder verschillende omstandigheden. Hiervoor moeten de modellen uitgebreid worden getest en gevalideerd om ervoor te zorgen dat ze in de praktijk betrouwbaar werken. Een robuuste AI moet kunnen omgaan met onverwachte input en situaties zonder onjuiste of gevaarlijke beslissingen te nemen.

Een ander belangrijk element is het ethisch ontwerp en gebruik van AI. Vertrouwen kan alleen worden opgebouwd als mensen er zeker van kunnen zijn dat de technologie wordt gebruikt in overeenstemming met ethische normen. Dit omvat de bescherming van de privacy en de verantwoorde omgang met persoonsgegevens. Daarnaast moeten ethische richtlijnen worden ontwikkeld en geïmplementeerd om een verantwoord gebruik van AI te bevorderen. Deze richtlijnen moeten ingaan op kwesties als eerlijkheid, transparantie en verantwoordingsplicht en ervoor zorgen dat de technologie wordt gebruikt ten behoeve van de samenleving.

Belang van vertrouwen voor acceptatie

Vertrouwen speelt een centrale rol bij de acceptatie van kunstmatige intelligentie in de samenleving. Zonder vertrouwen in de technologie, haar processen en resultaten is het onwaarschijnlijk dat mensen en organisaties AI-systemen op grote schaal zullen gebruiken. Het belang van vertrouwen voor de acceptatie van AI kan worden gezien in verschillende belangrijke aspecten.

Allereerst is vertrouwen de sleutel tot het overwinnen van scepsis en weerstand tegen nieuwe technologieën.

Kunstmatige intelligentie, vooral geavanceerde vormen zoals machine learning en neurale netwerken, kunnen voor veel mensen eng of ondoorzichtig lijken. Als mensen het gevoel hebben dat ze niet begrijpen hoe AI werkt en welke besluitvormingsprocessen erbij komen kijken, hebben ze de neiging om deze technologieën te wantrouwen en af te wijzen. Vertrouwen ontstaat door transparantie en traceerbaarheid, die gebruikers helpen de mechanismen achter AI te begrijpen. Als gebruikers zien dat de technologie transparant en verklaarbaar is, zijn ze eerder bereid deze te accepteren en te gebruiken.

Een ander belangrijk element is de perceptie van de betrouwbaarheid en nauwkeurigheid van AI-systemen. In kritieke toepassingen, zoals medische diagnose of autonome voertuigbesturing, is vertrouwen in de nauwkeurigheid en betrouwbaarheid van AI cruciaal. Foute of onnauwkeurige beslissingen kunnen niet alleen leiden tot aanzienlijke financiële verliezen, maar ook mensenlevens in gevaar brengen. Als gebruikers erop kunnen vertrouwen dat AI-systemen accuraat en betrouwbaar zijn, zullen ze eerder bereid zijn om deze technologieën te accepteren en te gebruiken op belangrijke gebieden.

Eerlijkheid en ethiek zijn ook van groot belang voor het vertrouwen in en de acceptatie van AI. Samenlevingen maken zich steeds meer zorgen over de ethische implicaties van AI, vooral met betrekking tot vooroordelen en discriminatie. Als AI-systemen worden gezien als oneerlijk of bevooroordeeld, ondermijnt dit het vertrouwen van gebruikers en kan dit leiden tot een wijdverspreide afwijzing van de technologie. AI-ontwikkelaars en -aanbieders moeten ervoor zorgen dat hun systemen op een eerlijke en onbevooroordeelde manier werken door diverse en representatieve datasets te gebruiken en mechanismen te implementeren om vooroordelen te beperken. Er zijn ook ethische richtlijnen en normen nodig om ervoor te zorgen dat AI-systemen werken in overeenstemming met de morele waarden van de samenleving.

Vertrouwen stimuleert ook innovatie en de bereidheid om nieuwe technologieën uit te proberen. Als mensen en organisaties vertrouwen hebben in de veiligheid en betrouwbaarheid van AI, zijn ze eerder bereid om in deze technologieën te investeren en ze op verschillende gebieden te testen. Dit kan leiden tot een snellere verspreiding en acceptatie van AI en tegelijkertijd de innovatiekracht en het concurrentievermogen van bedrijven en landen versterken.

Verder speelt vertrouwen een sleutelrol bij de sociale integratie en acceptatie van AI op de lange termijn. In een steeds meer gedigitaliseerde wereld waarin AI een steeds grotere rol speelt, is het belangrijk dat alle delen van de samenleving toegang hebben tot en vertrouwen hebben in deze technologieën. Dit vereist gerichte educatie en bewustmaking om het begrip van en het vertrouwen in AI te bevorderen. Een goed geïnformeerd en opgeleid publiek zal eerder de voordelen van AI benutten en het potentieel ervan ten volle benutten.

Gevolgen van verlies van vertrouwen

Een verlies aan vertrouwen in kunstmatige intelligentie kan verstrekkende gevolgen hebben die zich uitstrekken tot verschillende niveaus van de samenleving en de economie.

Ten eerste leidt een verlies aan vertrouwen tot een lagere acceptatie en een lager gebruik van AI-technologieën. Bedrijven kunnen terughoudend zijn om in AI te investeren of het te gebruiken op kritieke gebieden zoals gezondheidszorg, financiën of strafrecht. Een ander belangrijk aspect is de economische schade die kan voortvloeien uit een verlies van vertrouwen. Bedrijven die sterk vertrouwen op AI kunnen aanzienlijke financiële verliezen lijden als hun klanten of partners het vertrouwen in hun systemen verliezen. In de publieke perceptie kan een verlies aan vertrouwen in AI ook leiden tot een bredere scepsis ten opzichte van technologische innovaties. Als het publiek het vertrouwen in AI verliest, kan dit leiden tot een algemene terughoudendheid om nieuwe technologieën en innovaties te omarmen. Deze scepsis kan een negatieve invloed hebben op de bereidheid om nieuwe technologieën te accepteren en te gebruiken, wat de technologische vooruitgang in het algemeen kan afremmen.

Bovendien kan een verlies aan vertrouwen in AI-systemen de innovatie en onderzoeksvoortgang op dit gebied beïnvloeden. Als onderzoekers en ontwikkelaars het gevoel hebben dat hun werk niet breed wordt geaccepteerd of gesteund, kan dit de motivatie en toewijding voor AI-onderzoek verminderen. Een ander belangrijk aspect is de ethische en sociale dimensie van een verlies aan vertrouwen in AI. Als AI-systemen als oneerlijk of discriminerend worden ervaren, kan dit sociale spanningen en ongelijkheden verergeren. De perceptie dat bepaalde groepen of individuen systematisch worden benadeeld, kan het sociale vertrouwen in technologische en institutionele systemen ondermijnen. Dit kan leiden tot meer polarisatie en een verlies aan sociale cohesie, wat ernstige sociale en politieke gevolgen kan hebben.

Strategieën voor preventie en controle

Validatie en opschoning van gegevens

Het voorkomen en controleren van onjuiste beslissingen met behulp van kunstmatige intelligentie vereist vooral zorgvuldige validatie en opschoning van gegevens.

De basis van elke AI-toepassing is de kwaliteit van de gegevens waarop de algoritmen worden getraind. Datavalidatie en -opschoning zijn daarom essentieel om ervoor te zorgen dat de datasets vrij zijn van fouten, vervormingen en afwijkingen.

Dit begint met een grondige controle van de ruwe gegevens. De gegevens moeten worden gecontroleerd op volledigheid en consistentie. Ontbrekende of inconsistente gegevens kunnen leiden tot onjuiste conclusies en de prestaties van het AI-systeem aantasten. Een grondig validatieproces zorgt ervoor dat alle relevante gegevens correct worden geregistreerd en gedocumenteerd.

Het opschonen van de gegevens is de volgende cruciale stap. Hierbij worden onjuiste, irrelevante of dubbele gegevens geïdentificeerd en verwijderd. Dit proces helpt de nauwkeurigheid en kwaliteit van de dataset te verbeteren. Een voorbeeld hiervan is het verwijderen van uitschieters of datapunten die duidelijk buiten het normale bereik liggen en de analyse zouden kunnen verstoren. Daarnaast is het belangrijk dat de weergave van de gegevens evenwichtig is. Een ongelijke dataset die bepaalde groepen of kenmerken over- of ondervertegenwoordigt, kan leiden tot een vertekend AI-model. Het opschonen moet er daarom voor zorgen dat de gegevens divers en representatief zijn om eerlijke en evenwichtige beslissingen te bevorderen.

Een ander aspect van het valideren en opschonen van gegevens is het controleren op vooroordelen en systematische vertekeningen. Historische gegevens bevatten vaak onbewuste vooroordelen die kunnen worden ingebed in de AI-modellen. Deze vooroordelen kunnen een negatieve invloed hebben op de besluitvorming en bepaalde groepen systematisch benadelen. Om dit te voorkomen, moeten de gegevens worden gecontroleerd op verschillende soorten vooroordelen, zoals vooroordelen op basis van geslacht, ras of leeftijd. Technieken zoals eerlijkheidscontroles en strategieën om vertekeningen te beperken kunnen helpen om deze vertekeningen te identificeren en te corrigeren. Voortdurende controle van gegevens en modellen is nodig om ervoor te zorgen dat er geen nieuwe vooroordelen worden geïntroduceerd.

Dataverrijking is een aanvullend proces op validatie en opschoning waarbij aanvullende relevante informatie wordt geïntegreerd in de dataset om de analyse te verbeteren. Dit kan bijvoorbeeld worden gedaan door externe gegevensbronnen toe te voegen of door technieken voor gegevensverrijking toe te passen. Een rijkere en meer diverse database kan de robuustheid en nauwkeurigheid van het AI-model vergroten en onjuiste beslissingen helpen minimaliseren.

Een belangrijke stap in de preventie en controle van onjuiste AI-beslissingen is ook de documentatie en transparantie van dataprocessen. Duidelijke en gedetailleerde documentatie van de gegevensbronnen, de gebruikte opschonings- en validatietechnieken en de gemaakte aannames en beslissingen is cruciaal. Deze transparantie maakt het mogelijk om de gegevenskwaliteit en de besluitvormingsprocessen van het AI-systeem te begrijpen en te beoordelen. Het is ook belangrijk om verantwoording af te leggen en te voldoen aan wettelijke en ethische normen.

Technieken om overfitting te vermijden

Het te sterk aanpassen van een model aan de trainingsgegevens is een ander veel voorkomend probleem bij machinaal leren dat het generalisatievermogen van een model aanzienlijk kan beïnvloeden. Om overfitting te voorkomen en ervoor te zorgen dat een model goed presteert op nieuwe, onbekende gegevens, zijn er verschillende technieken die kunnen worden toegepast. Deze technieken variëren van het verbeteren van de datakwaliteit en -diversiteit tot specifieke aanpassingen in de modelarchitectuur en het trainingsproces.

Een van de meest basale technieken om overfitting te voorkomen is het gebruik van meer trainingsgegevens. Wanneer een model wordt getraind op een grotere en meer diverse set gegevens, heeft het een betere kans om de onderliggende patronen te leren en niet alleen de ruis en willekeurigheid in de gegevens. Het verzamelen en verzamelen van extra gegevens kan echter duur en tijdrovend zijn, dus is het vaak nodig om andere technieken te gebruiken om het beste uit de beschikbare gegevens te halen.

Een andere benadering is gegevensverrijking, vooral bij beeldverwerking. Bij gegevensuitbreiding worden nieuwe trainingsvoorbeelden gegenereerd door verschillende transformaties toe te passen op bestaande gegevens, zoals het roteren, schalen, omkeren en vervormen van afbeeldingen. Deze techniek vergroot effectief de grootte van de trainingsdataset en helpt het model robuuster te worden voor variaties in de gegevens. Dit verkleint de kans dat het model specifieke details van de trainingsgegevens leert die niet relevant zijn voor generalisatie.

Regularisatie is een veelgebruikte techniek om overfitting te voorkomen, die bestaat uit het introduceren van extra beperkingen of straffen op de modelparameters tijdens de training. L1 en L2 regularisatie zijn twee veelgebruikte vormen van regularisatie. L1 regularisatie voegt een straf toe aan de absolute som van de modelgewichten, waardoor sommige gewichten op nul worden gezet en het model dus eenvoudiger wordt. L2 regularisatie voegt een straf toe aan de gekwadrateerde som van de modelgewichten, waardoor de gewichten over het geheel genomen kleiner blijven en de complexiteit van het model afneemt. Beide technieken helpen om de capaciteit van het model te beperken en het risico op overfitting te verkleinen.

Dropout is een specifieke techniek die wordt gebruikt in diepe neurale netwerken om overfitting te voorkomen. Bij dropout worden willekeurig geselecteerde neuronen gedeactiveerd tijdens de training, wat voorkomt dat het model te afhankelijk wordt van bepaalde paden en verbindingen. Dit dwingt het model om meer redundante en robuuste kenmerken te leren die beter generaliseren. Dropout vermindert de afhankelijkheid van het model van specifieke neuronen en verbindingen en helpt het generalisatievermogen te verbeteren.

Kruisvalidatie is een andere belangrijke techniek die helpt om de modelprestaties te evalueren en overfitting te vermijden. Bij kruisvalidatie wordt de trainingsdataset opgedeeld in verschillende delen en wordt het model meerdere keren getraind en gevalideerd door telkens één deel als validatieset te gebruiken en de overige delen als trainingsset. Dit helpt om het generalisatievermogen van het model beter te beoordelen en te verbeteren naarmate het model wordt getest op verschillende subsets van de gegevens. Het geeft een robuustere schatting van de prestaties van het model en helpt het risico op overfitting te verminderen.

Een andere methode om overfitting te voorkomen is het gebruik van een validatiedataset en een vroege stop tijdens het trainingsproces. Een validatiedataset, die niet wordt gebruikt voor training, wordt gebruikt om de prestaties van het model te controleren. Met de vroegtijdige stop wordt het trainingsproces afgebroken als de prestaties op de validatiedataset niet meer verbeteren of verslechteren. Dit voorkomt dat het model te lang wordt getraind en de ruis in de trainingsgegevens begint te leren.

Ensemblingmethoden, zoals bagging en boosting, zijn ook effectieve technieken om overfitting te vermijden. Bij bagging (bootstrap aggregating) worden meerdere modellen getraind op verschillende subsets van de gegevens en hun voorspellingen worden gecombineerd. Dit vermindert de variantie en helpt om robuustere voorspellingen te doen. Random forests zijn een populair voorbeeld van bagging. Boosting methodes, zoals gradient boosting, trainen opeenvolgend meerdere modellen, waarbij elk nieuw model de fouten van de vorige modellen probeert te corrigeren. Dit leidt tot een sterke reductie van bias en variantie, wat het generalisatievermogen verbetert.

Zorgvuldige selectie van modelarchitectuur en hyperparameters is ook cruciaal om overpitting te voorkomen. Complexere modellen zijn vatbaarder voor overfitting, vooral wanneer ze getraind zijn op kleine of onvoldoende datasets. Door eenvoudigere modellen te gebruiken en de hyperparameters te optimaliseren, zoals leersnelheid, aantal lagen en neuronen, kan het risico op overfitting worden verkleind. Hyperparameter optimalisatietechnieken, zoals grid search of random search, kunnen helpen bij het vinden van de beste instellingen die een goede balans bieden tussen modelcomplexiteit en generalisatievermogen.

Robuustheid in de modellering

Gebrek aan robuustheid in modellen is een andere belangrijke oorzaak van het fenomeen "psychose" in AI-systemen, waarbij het gedrag van de AI onvoorspelbaar, irrationeel of onlogisch lijkt. Robuustheid in modellering verwijst naar het vermogen van een model om betrouwbaar en consistent te presteren onder verschillende omstandigheden, inclusief wanneer het geconfronteerd wordt met onverwachte input, ruis of andere verstoringen. Als een model niet robuust is, kan het gemakkelijk uit balans raken en foutieve of absurde resultaten produceren.

Een van de belangrijkste oorzaken van een gebrek aan robuustheid is het onvermogen van een model om te generaliseren naar nieuwe of ongebruikelijke input. Modellen die alleen zijn getraind op een beperkte set trainingsgegevens kunnen specifieke patronen en kenmerken van die gegevens leren in plaats van algemene en robuuste regels af te leiden. Als het model dan geconfronteerd wordt met nieuwe of andere gegevens die niet goed gerepresenteerd worden door de trainingsgegevens, kan het falen of onverwachte resultaten produceren. Een taalassistent die voornamelijk is getraind op formele tekst kan bijvoorbeeld moeite hebben met het begrijpen en verwerken van informele of dialectische spraak, wat kan resulteren in verwarrende of ongepaste antwoorden.

Een andere factor die bijdraagt aan het gebrek aan robuustheid is overfitting (zie hierboven). Als een model te sterk wordt aangepast aan de trainingsgegevens, leert het niet alleen de relevante patronen, maar ook de ruis en willekeurigheid in de gegevens. Dit leidt ertoe dat het model slecht generaliseert op nieuwe gegevens die deze specifieke details niet bevatten. Overfitting kan worden verergerd door de complexiteit van het model. Complexe modellen met veel parameters hebben een grote capaciteit om de details van de trainingsgegevens vast te leggen, maar zijn ook vatbaarder voor overfitting en daardoor minder robuust voor nieuwe gegevens.

Een ander aspect van het gebrek aan robuustheid in modellen is de gevoeligheid voor ruis of kleine veranderingen in de invoergegevens. Robuuste modellen moeten kunnen omgaan met kleine afwijkingen of verstoringen zonder dat dit hun prestaties significant beïnvloedt. Als een model echter erg gevoelig is voor dergelijke veranderingen, kan dit leiden tot instabiele en onvoorspelbare resultaten. Een voorbeeld hiervan is beeldverwerking, waar kleine veranderingen in pixelwaarden, zoals die worden veroorzaakt door ruis of beeldverwerking, ervoor kunnen zorgen dat een beeldclassificatiemodel onjuiste of absurde voorspellingen doet.

De architectuur en het ontwerp van het model spelen ook een doorslaggevende rol in robuustheid. Modellen die niet zorgvuldig ontworpen en gevalideerd zijn, zijn vatbaarder voor fouten en instabiliteit. Neurale netwerken met een suboptimale architectuur kunnen bijvoorbeeld de neiging hebben om lokale minima te vinden in het foutenlandschap, wat leidt tot suboptimale oplossingen en een gebrek aan robuustheid. Het kiezen van de juiste modelarchitectuur en het gebruik van technieken zoals regularisatie en kruisvalidatie zijn cruciaal om de robuustheid van het model te garanderen.

Een andere belangrijke factor is de kwaliteit en diversiteit van gegevens. Modellen die zijn getraind op gegevens van hoge kwaliteit en diversiteit zijn doorgaans robuuster en in staat om te generaliseren naar een breed scala aan scenario's. Het gebrek aan robuustheid kan ook worden verergerd door onvoldoende testen en valideren tijdens de ontwikkelingsfase. Het gebrek aan robuustheid kan ook worden verergerd door onvoldoende testen en valideren tijdens de ontwikkelingsfase. Modellen moeten grondig worden getest op verschillende gegevenssets en onder verschillende omstandigheden om hun robuustheid en generaliseerbaarheid te beoordelen. Als deze tests niet adequaat worden uitgevoerd, kan het model in de praktijk onverwachte en onvoorspelbare resultaten opleveren.

De implementatie van technieken om de robuustheid te vergroten is cruciaal om het risico op "psychose" in AI-systemen te minimaliseren. Een van deze technieken is gegevensverrijking, waarbij de trainingsgegevens worden aangevuld met verschillende transformaties om het model robuuster te maken voor variaties in de invoer.

Dropout en andere regularisatiemethoden kunnen ook worden gebruikt om overfitting te verminderen en de robuustheid te vergroten. Daarnaast kunnen ensemblingmethoden die meerdere modellen combineren de robuustheid en betrouwbaarheid van voorspellingen verbeteren.

Een andere belangrijke aanpak is het continu monitoren en aanpassen van modellen nadat ze zijn ingezet. Modellen die in de echte wereld worden gebruikt, moeten regelmatig worden gecontroleerd en beoordeeld om ervoor te zorgen dat ze robuust en betrouwbaar blijven werken. Dit omvat het aanpassen van de modellen aan nieuwe gegevens en omstandigheden en het implementeren van mechanismen om wangedrag op te sporen en te corrigeren.

Biascontroles en regelmatige controle

Ervoor zorgen dat vooroordelen tot een minimum worden beperkt, is een cruciaal aspect bij de ontwikkeling en implementatie van kunstmatige intelligentie.

Het controleren van bias begint met het zorgvuldig analyseren en evalueren van de datasets die worden gebruikt om AI-modellen te trainen. Historische gegevens kunnen inherente vooroordelen en ongelijkheden weerspiegelen die, als ze niet worden ontdekt, in AI-modellen kunnen worden opgenomen en hun beslissingen kunnen beïnvloeden. Een belangrijke stap is om de verdeling van gegevens over verschillende demografische groepen te analyseren en ervoor te zorgen dat geen enkele groep over- of ondervertegenwoordigd is. Dit kan worden gedaan door middel van statistische analyses en visualisaties die potentiële vertekeningen in de gegevens aan het licht brengen.

Het gebruik van specifieke maatstaven om vertekening te beoordelen is ook van cruciaal belang. Deze maatstaven omvatten statistische methoden zoals de disparate impact ratio, die onderzoekt of de resultaten van een model hetzelfde zijn voor verschillende groepen, en het analyseren van fout-positieve en fout-negatieve percentages om verschillen in misclassificatie te identificeren. Door dergelijke meetmethoden te gebruiken, kunnen ontwikkelaars potentiële vertekeningen in de modellen identificeren en beoordelen in welke mate deze vertekeningen van invloed zijn op verschillende demografische groepen.

Een andere belangrijke benadering om bias te minimaliseren is het gebruik van rechtvaardigheidsalgoritmen en technieken om bias te beperken. Deze technieken kunnen voor, tijdens en na de training van modellen worden toegepast. Vóór de training kunnen methoden zoals herweging of resampling worden gebruikt om ervoor te zorgen dat de trainingsgegevens evenwichtig zijn. Tijdens de training kunnen eerlijkheidsbeperkingen worden geïntegreerd in de optimalisatieprocessen om ervoor te zorgen dat de modellen eerlijke beslissingen nemen. Na de training kunnen technieken zoals post-processing worden toegepast om de beslissingen van het model te controleren en aan te passen om bias te verminderen.

Regelmatige controle is ook cruciaal om ervoor te zorgen dat de modellen eerlijk en betrouwbaar blijven werken. Een belangrijk onderdeel van regelmatig toezicht is het uitvoeren van audits en beoordelingen. Deze audits moeten regelmatig en systematisch worden uitgevoerd om te controleren of de gedefinieerde eerlijkheids- en kwaliteitsnormen worden nageleefd. Onafhankelijke beoordelingen door externe experts kunnen extra zekerheid bieden en helpen om ervoor te zorgen dat de modellen voldoen aan ethische en wettelijke vereisten. De betrokkenheid van domeinexperts en belanghebbenden bij het controleproces is ook cruciaal. Deze deskundigen brengen waardevolle kennis en perspectieven met zich mee die kunnen helpen bij het herkennen en aanpakken van mogelijke vooroordelen. Door regelmatig overleg en feedbackrondes met belanghebbenden kunnen ontwikkelaars ervoor zorgen dat de modellen voldoen aan praktische eisen en ethische normen. Dit bevordert de voortdurende verbetering van de modellen en ondersteunt de acceptatie en betrouwbaarheid van de AI-systemen op de lange termijn.

Naast technisch toezicht moeten er ook organisatorische maatregelen worden genomen om een cultuur van eerlijkheid en verantwoordingsplicht te bevorderen. Dit omvat het opleiden van werknemers in biasdetectie en eerlijkheidspraktijken, het opstellen van duidelijke richtlijnen en normen voor modelontwikkeling en -

monitoring, en het creëren van mechanismen voor het melden en aanpakken van zorgen en problemen met betrekking tot bias. Sterke organisatorische steun en een gedeelde toewijding aan ethische AI-praktijken zijn cruciaal om op lange termijn succes te boeken bij het minimaliseren van bias en het waarborgen van gegevenskwaliteit.

Technieken voor het identificeren en corrigeren van vooroordelen

Enkele van de belangrijkste technieken voor het identificeren en corrigeren van vertekeningen worden hieronder in detail beschreven.

Identificatie van vooroordelen

Beschrijvende statistieken en visualisatie

Een basismethode voor het identificeren van vertekeningen is het gebruik van beschrijvende statistieken en visualisatietechnieken. Door de verdeling van gegevenskenmerken zoals geslacht, leeftijd, etniciteit en andere demografische kenmerken te analyseren, kunnen onevenwichtigheden en vertekeningen in de gegevenssets geïdentificeerd worden. Histogrammen, boxplots en scatterplots zijn nuttige hulpmiddelen om mogelijke vertekeningspatronen te visualiseren.

Analyse van het ongelijke effect

De ongelijke-effectanalyse beoordeelt of een beslissing of voorspelling van een model verschillende effecten heeft op verschillende groepen. Deze analyse maakt gebruik van statistische maatstaven zoals de disparate impact ratio, die de verhouding van positieve resultaten meet voor een beschermde groep in vergelijking met een referentiegroep. Een significant verschil in de resultaten duidt op mogelijke vertekening.

Analyse van fout-positieven/fout-negatieven

Een andere manier om vertekening vast te stellen is het analyseren van de misclassificatiepercentages (fout-positieven en fout-negatieven) voor verschillende groepen. Verschillen in deze percentages kunnen duiden op systematische vertekeningen in het model. Een hoger percentage fout-positieven voor een bepaalde demografische groep kan bijvoorbeeld duiden op een vertekening in het model.

Correctie van vertekening

Technieken voor voorbewerking

Voorverwerkingstechnieken zijn bedoeld om vervormingen in de gegevens te corrigeren voordat het model wordt getraind. Hieronder vallen methoden zoals:

Herweging

Herweging is een techniek in machinaal leren en gegevensverwerking die tot doel heeft een evenwichtigere verdeling van verschillende groepen binnen een gegevensset te bereiken. Deze methode wordt vaak gebruikt om vertekeningen in gegevens te corrigeren en ervoor te zorgen dat modellen voor machinaal leren eerlijke en rechtvaardige voorspellingen doen.

Herweging verwijst naar het proces van het aanpassen van de gewichten van individuele gegevenspunten in een dataset om een meer representatieve en evenwichtige verdeling van groepskenmerken te verkrijgen. Dit betekent dat gegevenspunten van ondervertegenwoordigde groepen een hoger gewicht krijgen, terwijl gegevenspunten van oververtegenwoordigde groepen een lager gewicht krijgen. Het doel is om vervormingen door ongelijke groepsgroottes te minimaliseren en de leeralgoritmen in staat te stellen eerlijkere modellen te ontwikkelen.

De technische implementatie van herweging vindt in verschillende stappen plaats. Eerst wordt de gegevensset geanalyseerd om inzicht te krijgen in de verdeling van de verschillende groepen. Dit omvat het identificeren van de groepskenmerken (zoals geslacht, etniciteit, leeftijd, enz.) en het kwantificeren van hun frequentie in de gegevensverzameling. Op basis van deze analyse worden de wegingen van de gegevenspunten aangepast. Dit kan worden gedaan met behulp van verschillende methoden, zoals inverse frequentie of Bayesiaanse weging.

Een veelgebruikte benadering is de omgekeerde frequentieweging, waarbij de weging van een gegevenspunt omgekeerd evenredig is met de frequentie van zijn groep in de gegevensset. Als een groep bijvoorbeeld slechts 10% van de gegevensverzameling uitmaakt, terwijl een andere groep 90% uitmaakt, krijgen de gegevenspunten van de kleinere groep een weging die negen keer hoger is dan die van de grotere groep. Dit dwingt het model om bij het modelleren meer rekening te houden met de kleinere groep.

De implementatie van herweging brengt een aantal uitdagingen met zich mee. Een van de grootste uitdagingen is het vinden van de juiste balans. Het overwegen van ondervertegenwoordigde groepen kan leiden tot overfitting, waarbij het model onevenredig reageert op de weinige gegevenspunten uit deze groepen. Onderweging daarentegen kan leiden tot onvoldoende correctie voor vertekening.

Een ander belangrijk aspect is de kwaliteit van de gegevens. Als de datapunten van de ondervertegenwoordigde groepen van slechte kwaliteit zijn of systematische fouten bevatten, kan herweging deze problemen verergeren in plaats van oplossen. Daarom is een zorgvuldige voorbereiding en analyse van de gegevens cruciaal voordat herweging wordt toegepast.

Herweging wordt op veel gebieden gebruikt waar eerlijke en evenwichtige modellen nodig zijn. In gezondheidsonderzoek kan het bijvoorbeeld gebruikt worden om ervoor te zorgen dat medische modellen niet alleen gebaseerd zijn op gegevens van één demografische groep, maar ook op de juiste manier rekening houden met andere groepen. Dit is vooral belangrijk in gebieden waar historische ongelijkheden bestaan in de beschikbaarheid van gegevens.

Een ander voorbeeld is het gebruik van herweging bij kredietbeoordeling. Hier kan de techniek helpen om ervoor te zorgen dat modellen eerlijk zijn voor verschillende etnische groepen of geslachten door ervoor te zorgen dat geen enkele groep wordt benadeeld door ongelijke gegevensdistributies.

Herbemonstering

Resampling is een veelgebruikte techniek in machinaal leren en gegevensverwerking die tot doel heeft een evenwichtigere verdeling van groepen binnen een dataset te bereiken. Deze methode is vooral nuttig voor het corrigeren van vertekeningen en onevenwichtigheden die ontstaan wanneer bepaalde groepen onder- of oververtegenwoordigd zijn in de trainingsgegevens. Resampling kan worden gebruikt om modellen te ontwikkelen die eerlijkere en nauwkeurigere voorspellingen doen.

Resampling bestaat uit twee hoofdbenaderingen: Oversampling en Undersampling. Oversampling verwijst naar het dupliceren van datapunten van ondervertegenwoordigde groepen om hun aantal in de dataset te vergroten. Dit wordt gedaan om ervoor te zorgen dat het model genoeg voorbeelden van deze groepen krijgt om hun kenmerken beter te leren. Undersampling daarentegen bestaat uit het verwijderen van datapunten van oververtegenwoordigde groepen om hun aantal te verminderen. Dit voorkomt dat het model te veel gefixeerd raakt op de groepen die vaker voorkomen en de zeldzamere groepen verwaarloost.

Het belangrijkste doel van resampling is om een evenwicht te creëren in de trainingsgegevens zodat alle groepen even goed vertegenwoordigd zijn in de dataset. Dit zorgt ervoor dat het model geen systematische vertekeningen ontwikkelt en eerlijke voorspellingen doet voor alle groepen.

De implementatie van resampling vereist een zorgvuldige analyse van de verdeling van de verschillende groepen in de gegevensverzameling. Eerst wordt de dataset geanalyseerd op onevenwichtigheden door de frequenties van de verschillende groepskenmerken te bepalen. Op basis van deze analyse wordt besloten welke groepen over- of onderbemonsterd moeten worden. Overbemonstering kan op verschillende manieren worden uitgevoerd. Een eenvoudige aanpak is het willekeurig dupliceren van datapunten uit de ondervertegenwoordigde groepen. Een meer geavanceerde methode is het synthetisch genereren van nieuwe gegevenspunten met behulp van technieken zoals de Synthetic Minority Oversampling Technique (SMOTE). SMOTE creëert nieuwe gegevenspunten door de kenmerken van bestaande gegevenspunten te combineren en te variëren. Onderbemonstering kan worden bereikt door willekeurig datapunten uit de oververtegenwoordigde groepen te verwijderen. Een minder riskante methode is om de datapunten zo te selecteren dat de variantie binnen de groepen behouden blijft. Dit kan worden bereikt door gestratificeerde steekproeftrekking, waarbij rekening wordt gehouden met de belangrijkste kenmerken van de gegevenspunten.

De toepassing van resampling brengt verschillende uitdagingen met zich mee. Bij oversampling bestaat het risico op overfitting, omdat het model te sterk kan reageren op de gedupliceerde gegevenspunten, waardoor het minder generaliseerbaar wordt. Bij undersampling is er een risico op informatieverlies omdat belangrijke gegevenspunten verwijderd kunnen worden, wat het vermogen van het model om patronen in de gegevens te herkennen kan beperken. Een ander belangrijk aspect is de kwaliteit van de gegevens. Als de ondervertegenwoordigde groepen inherent ruisachtigere of minder representatieve gegevens bevatten, kan resampling deze problemen eerder verergeren dan oplossen. Daarom is een zorgvuldige voorbewerking van de gegevens en een grondige analyse van de groepskenmerken essentieel.

Resampling wordt gebruikt op veel gebieden waar het cruciaal is om eerlijke en nauwkeurige modellen te ontwikkelen. Een prominent voorbeeld is medisch onderzoek, waar de verdeling van patiëntengroepen vaak onevenwichtig is. Resampling kan ervoor zorgen dat het model betrouwbare voorspellingen kan doen voor alle patiëntengroepen, ongeacht geslacht, leeftijd of etniciteit. Een ander voorbeeld is fraudedetectie bij financiële transacties. Fraudegevallen zijn meestal zeldzaam, dus de gegevens zijn zeer onevenwichtig. Door de fraudegevallen te oversamplen, kan een model beter worden getraind om deze zeldzame gebeurtenissen te herkennen zonder te worden gedomineerd door de overweldigende meerderheid van niet-frauduleuze gevallen.

Resampling is een essentiële techniek voor het corrigeren van onevenwichtigheden in datasets en het bevorderen van eerlijkheid in modellen voor machinaal leren. Door datapunten selectief over- of onder te matchen, wordt een evenwicht in de trainingsgegevens bereikt, wat leidt tot eerlijkere en representatievere modellen. Ondanks de uitdagingen die gepaard gaan met de implementatie van resampling, biedt deze methode een effectieve manier om de kwaliteit en eerlijkheid van voorspellende modellen te verbeteren en ethische normen bij gegevensverwerking te waarborgen.

Gegevensuitbreiding

Data-augmentatie is een techniek die gebruikt wordt bij machinaal leren en dataverwerking om bestaande datasets aan te vullen met synthetisch gegenereerde datapunten. Het doel van deze methode is om de diversiteit en representativiteit van de gegevens te vergroten en zo de prestaties van modellen te verbeteren en overfitting te voorkomen. Deze techniek is vooral nuttig op gebieden zoals beeld- en spraakherkenning en natuurlijke taalverwerking, waar de beschikbaarheid van grote en diverse datasets cruciaal is.

Gegevensuitbreiding werkt door verschillende transformaties toe te passen op bestaande gegevenspunten om nieuwe, lichtjes gevarieerde versies van die gegevens te maken. Bij beeldverwerking kunnen dergelijke transformaties bestaan uit roteren, schalen, draaien, bijsnijden of ruis toevoegen aan afbeeldingen. Deze technieken simuleren variaties in de echte wereld die het model robuust maken voor vergelijkbare, maar niet identieke, patronen tijdens de training.

Een voorbeeld van de toepassing van gegevensverrijking bij beeldverwerking is het gebruik van een trainingsdataset van kattenafbeeldingen. Door transformaties zoals het roteren van de afbeeldingen door verschillende hoeken, het veranderen van de helderheid of het toevoegen van ruis, kan de dataset kunstmatig worden uitgebreid. Dit helpt het model om beter te generaliseren door het te trainen op een grotere verscheidenheid aan verschijningsvormen, waardoor het algehele herkenningsvermogen voor kattenafbeeldingen verbetert.

In natuurlijke taalverwerking kan gegevensverrijking worden bereikt door technieken zoals synoniemvervanging, het willekeurig verwijderen van woorden of het toevoegen van ruis aan tekst. Een zin als "Het weer is prachtig vandaag" kan bijvoorbeeld worden veranderd in "Het weer is prachtig vandaag" door "mooi" te vervangen door "prachtig". Deze variaties helpen het model om een robuustere representatie van de taal te leren en verbeteren zijn vermogen om om te gaan met nieuwe en onvoorspelbare formuleringen.

Een ander gebied waarin gegevensverrijking een belangrijke rol speelt is spraakherkenning. Hier kunnen synthetisch gegenereerde audiogegevens worden aangemaakt door achtergrondruis toe te voegen, de snelheid van de spraak te veranderen of de toonhoogte aan te passen. Deze toegevoegde datapunten helpen om de diversiteit van de trainingsdataset te vergroten, wat leidt tot betere herkenning en interpretatie van gesproken woorden en zinnen.

Hoewel gegevensuitbreiding veel voordelen biedt, zijn er ook uitdagingen en beperkingen. Een van de uitdagingen is ervoor te zorgen dat de toegevoegde gegevenspunten de onderliggende kenmerken en patronen van de oorspronkelijke gegevens behouden en niet leiden tot een verslechtering van de modelprestaties. Als de toegepaste transformaties te extreem zijn of irrelevante variaties introduceren, kan dit het model verwarren en het vermogen om te generaliseren aantasten.

Een ander potentieel probleem is de rekenintensiteit van gegevensvergroting. Het creëren en verwerken van een groot aantal synthetische datapunten kan aanzienlijke rekenkracht vereisen, waardoor in sommige gevallen de benodigde trainingstijd en infrastructuur toenemen. Daarom is het belangrijk om efficiënte algoritmen en technieken te ontwikkelen om datavergroting effectief te implementeren zonder de bronnen te overbelasten.

Technieken voor verwerking

Tijdens de training van het model worden in-processing technieken gebruikt om vertekening te minimaliseren. Deze omvatten:

Eerlijkheidsbeperkingen

Eerlijkheidsbeperkingen zijn een belangrijke techniek in machinaal leren die erop gericht is om eerlijkheidsbeperkingen rechtstreeks te integreren in het trainingsproces van modellen. Het doel van deze techniek is om ervoor te zorgen dat de modellen eerlijke beslissingen nemen en systematische vooroordelen en discriminatie vermijden. Dit wordt vaak bereikt door de verliesfunctie aan te passen om zowel de voorspellingsnauwkeurigheid als de eerlijkheid te optimaliseren.

De implementatie van rechtvaardigheidsbeperkingen begint met de definitie van specifieke rechtvaardigheidscriteria waarmee rekening moet worden gehouden in het model. Deze criteria kunnen variëren afhankelijk van de use case, maar omvatten vaak aspecten zoals demografische pariteit, gelijke kansen of gelijke kansen. Demografische pariteit vereist dat de voorspellingsresultaten voor verschillende demografische groepen gelijk verdeeld zijn. Gelijke kansen zorgt ervoor dat de fout-positieve en fout-negatieve percentages gelijk zijn voor alle groepen. Gelijke kansen betekent dat de kans op een correcte positieve voorspelling voor alle groepen gelijk is.

Zodra de eerlijkheidscriteria zijn gedefinieerd, wordt de verliesfunctie van het model aangepast. De verliesfunctie is een wiskundige constructie die de prestatie van het model meet en het doel van het trainingsproces definieert. Door eerlijkheidsvoorwaarden aan de verliesfunctie toe te voegen, wordt het model gedwongen om zowel de nauwkeurigheid van de voorspelling als het voldoen aan de eerlijkheidscriteria te optimaliseren. Dit kan worden bereikt door extra termen in de verliesfunctie op te nemen die de afwijking van de eerlijkheidsdoelen kwantificeren en bestraffen.

Een voorbeeld van een aangepaste verliesfunctie zou er als volgt uit kunnen zien: Stel we hebben een standaard verliesfunctie ($L(y, \hat{y})$) die de discrepantie meet tussen de werkelijke waarden (y) en de voorspelde waarden ($\hat{y}$). Om eerlijkheid te integreren, kunnen we een extra term (F) toevoegen die de eerlijkheidsvoorwaarde weergeeft. De gewijzigde verliesfunctie wordt dan $L(y, \hat{y}) + \lambda F$, waarbij λ een hyperparameter is die het relatieve gewicht van de eerlijkheidsvoorwaarde bepaalt. Door λ aan te passen kan het model een balans vinden tussen voorspellingsnauwkeurigheid en eerlijkheid.

De introductie van rechtvaardigheidsbeperkingen in het trainingsproces brengt verschillende uitdagingen met zich mee. Een van de grootste uitdagingen is het vinden van de juiste balans tussen eerlijkheid en nauwkeurigheid. Te veel focus op eerlijkheid kan de algehele nauwkeurigheid van het model verminderen, terwijl te veel focus op nauwkeurigheid eerlijkheid kan verwaarlozen. Het vereist zorgvuldige afstemming en validatie om ervoor te zorgen dat het model beide doelen in voldoende mate bereikt.

Een ander probleem is de complexiteit van de eerlijkheidscriteria zelf. Verschillende eerlijkheidscriteria kunnen met elkaar in conflict komen en het is vaak moeilijk om een oplossing te vinden die aan alle criteria tegelijk voldoet. Bovendien kunnen eerlijkheidscriteria variëren afhankelijk van de context en toepassing, wat betekent dat de implementatie van eerlijkheidsbeperkingen op maat gemaakt moet worden en aangepast aan specifieke eisen.

Een praktisch voorbeeld van de toepassing van rechtvaardigheidsbeperkingen is de ontwikkeling van een kredietscoremodel dat ervoor zorgt dat geen enkele demografische groep wordt benadeeld vanwege hun etniciteit of geslacht. Door eerlijkheidsbeperkingen te integreren in de verliesfunctie van het model, kan ervoor worden gezorgd dat het model eerlijke kredietbeslissingen neemt door ervoor te zorgen dat alle groepen dezelfde waarschijnlijkheid van kredietgoedkeuring hebben.

Tegenstrijdige debiasing

Adversarial debiasing is een innovatieve techniek op het gebied van machinaal leren die gericht is op het verminderen van vertekeningen in modellen. Deze methode maakt gebruik van adversaire netwerken om systematische vertekeningen te herkennen en te elimineren, terwijl het hoofdmodel getraind blijft om nauwkeurige voorspellingen te doen. Deze aanpak vertegenwoordigt een combinatie van de kracht van tegengestelde netwerken en de behoefte aan eerlijke besluitvorming.

Het basisconcept van adversariële netwerken werd oorspronkelijk geïntroduceerd in de context van generatieve adversariële netwerken (GANs), waarbij twee netwerken tegen elkaar spelen: een generator die realistische gegevens probeert te produceren en een discriminator die echte van gegenereerde gegevens probeert te onderscheiden. Adversarial debiasing past dit principe aan om vertekeningen in de gegevens en de modellen te bestrijden.

Bij adversarial debiasing bestaat de opstelling uit twee hoofdcomponenten: het voorspellingsmodel en het adversarial netwerk. Zoals gewoonlijk wordt het voorspellingsmodel getraind om nauwkeurige voorspellingen te doen voor de doelvariabele. Tegelijkertijd wordt het adversaire netwerk getraind om vertekeningen in de voorspellingen van het model te herkennen. Het trainingsproces is zo ontworpen dat het voorspellingsmodel leert om voorspellingen te doen die zowel accuraat zijn als vrij van vertekeningen om zo het adversaire netwerk voor de gek te houden.

Het trainingsproces begint met het trainen van het voorspellingsmodel op de originele gegevens om accurate voorspellingen te doen. Tijdens deze training worden de voorspellingen van het model en de ware labels als invoer ingevoerd in het adversaire netwerk. Het adversaire netwerk wordt getraind om te herkennen of de voorspellingen van het model vertekeningen bevatten op basis van de demografische kenmerken van de gegevens.

Er wordt een feedbackmechanisme geïmplementeerd om de bias te verminderen. Als het adversaire netwerk bias in de voorspellingen herkent, wordt er een feedbacksignaal naar het voorspellingsmodel gestuurd. Dit feedbacksignaal wordt gebruikt om de gewichten van het voorspellingsmodel aan te passen zodat toekomstige voorspellingen minder bias bevatten. Het doel is om het voorspellingsmodel zo te trainen dat het niet alleen accurate voorspellingen doet, maar ook voorspellingen die het adversaire netwerk niet als vertekend herkent.

Een praktisch voorbeeld van adversarial debiasing is de ontwikkeling van een rekruteringsmodel dat sollicitaties beoordeelt. Het voorspellingsmodel wordt getraind om de geschiktheid van sollicitanten te beoordelen op basis van hun kwalificaties. Tegelijkertijd wordt het tegenwerkende netwerk getraind om te herkennen of de voorspellingen van het model worden beïnvloed door demografische kenmerken zoals geslacht of etniciteit. Door het iteratieve trainingsproces leert het voorspellingsmodel voorspellingen te doen die vrij zijn van deze vooroordelen, wat resulteert in eerlijkere aannamebeslissingen.

De toepassing van adversarial debiasing brengt echter ook uitdagingen met zich mee. Een van de grootste uitdagingen is het vinden van de balans tussen nauwkeurigheid en eerlijkheid. Te veel focus op het verwijderen van vooroordelen kan de algehele nauwkeurigheid van het model verminderen. Een ander aspect is de complexiteit van de implementatie. Het trainingsproces vereist een zorgvuldige coördinatie van de twee netwerken, wat extra rekenkracht en expertise vereist.

Technieken voor nabewerking

Na het trainen van het model worden nabewerkingstechnieken gebruikt om vervormingen in de voorspellingen te corrigeren.

Gelijke kansen

Equalised odds is een belangrijke methode op het gebied van eerlijkheid in machinaal leren, die erop gericht is de voorspellingen van een model zo aan te passen dat de fout-positieve en fout-negatieve percentages gelijk zijn voor verschillende demografische groepen. Dit concept zorgt ervoor dat het model vergelijkbare foutkansen heeft ongeacht de groep waartoe de gegevenspunten behoren en dus niet systematisch individuele groepen straft of bevoordeelt.

Het kernidee van Equalised Odds is het garanderen van gelijke foutenpercentages tussen verschillende groepen. Wiskundig gezien betekent dit dat de kans dat het model een positieve voorspelling doet, gegeven dat het werkelijke resultaat positief is (true positive rate), en de kans dat het model een negatieve voorspelling doet, gegeven dat het werkelijke resultaat negatief is (true negative rate), voor alle groepen gelijk moeten zijn. Formeel gezien zijn de voorwaarden voor gelijke kansen als volgt:

$P(\hat{Y} = 1 \mid Y = 1, A = a) = P(\hat{Y} = 1 \mid Y = 1, A = b)$ voor alle groepen a en b,

$P(\hat{Y} = 0 \mid Y = 0, A = a) = P(\hat{Y} = 0 \mid Y = 0, A = b)$ voor alle groepen a en b.

Hier staat $\hat{Y}$ voor de voorspelling van het model, Y voor het werkelijke resultaat en A voor de demografische groep.

De implementatie van Equalised Odds in een modeltraining vereist specifieke aanpassingen om ervoor te zorgen dat de foutenpercentages voor alle groepen gelijk zijn. Een manier om dit te bereiken is door het model achteraf aan te passen of door specifieke optimalisatietechnieken toe te passen tijdens het trainingsproces. Een veelgebruikte methode is om de verliesfunctie van het model aan te passen om niet alleen de nauwkeurigheid van de voorspelling te optimaliseren, maar ook de naleving van de geëgaliseerde kansen. Dit kan worden gedaan door extra eerlijkheidstermen in de verliesfunctie op te nemen die de afwijkingen in foutenpercentages tussen de groepen minimaliseren.

Een praktisch voorbeeld van de toepassing van geëgaliseerde kansen is de ontwikkeling van een kredietscoringsmodel dat ervoor zorgt dat de percentages fout-positieve en fout-negatieve kredieten voor verschillende etnische groepen gelijk zijn. Zonder aanpassingen zouden bepaalde groepen te veel onterechte kredietgoedkeuringen of te veel afgewezen kredietaanvragen kunnen krijgen als gevolg van historische gegevensvertekeningen. Door Equalised Odds toe te passen, kan het model worden aangepast zodat deze percentages gelijk worden tussen groepen, wat resulteert in eerlijkere kredietbeslissingen.

De toepassing van Equalised Odds brengt echter ook uitdagingen met zich mee. Een van de grootste uitdagingen is het vinden van de juiste balans tussen eerlijkheid en nauwkeurigheid. Voldoen aan de geëgaliseerde kansen kan de algehele nauwkeurigheid van het model verminderen, omdat er rekening moet worden gehouden met extra beperkingen. Bovendien kan de implementatie van deze methode complex zijn, vooral als de groepskenmerken divers en verschillend verdeeld zijn.

Gekalibreerde geëgaliseerde kansen

Calibrated Equalised Odds is een geavanceerde methode om de eerlijkheid en nauwkeurigheid van machine learning modellen te verbeteren. Deze techniek is gebaseerd op het concept van gelijke kansen, maar breidt het uit met het aspect van het kalibreren van de voorspellingen. Het doel is zowel om de foutpercentages (fout-positieve en fout-negatieve percentages) tussen verschillende demografische groepen gelijk te maken als om de kalibratie van de kansvoorspellingen te garanderen.

Het concept van kalibratie in deze context betekent dat de voorspelde waarschijnlijkheden moeten overeenkomen met de werkelijke waarschijnlijkheden. Met andere woorden, als een model een waarschijnlijkheid van 70% voorspelt voor een positieve gebeurtenis, dan moet deze gebeurtenis ook daadwerkelijk 70% van de tijd plaatsvinden. Kalibratie is belangrijk om ervoor te zorgen dat de kansen die het model oplevert betrouwbaar zijn en geïnterpreteerd kunnen worden.

Calibrated Equalised Odds combineert de doelstellingen van eerlijkheid door middel van gelijke kansen met de eis van kalibratie. Dit betekent dat de methode erop gericht is om ervoor te zorgen dat de voorspelde kansen gelijk gekalibreerd zijn tussen de groepen en dat de foutpositieve en fout-negatieve percentages gelijk zijn.

Om gekalibreerde gelijke kansen te krijgen, wordt meestal een proces in twee stappen gebruikt. In de eerste stap wordt een voorspellingsmodel getraind om de nauwkeurigheid te maximaliseren zonder rekening te houden met eerlijkheid. In de tweede stap wordt een kalibratielaag toegevoegd die de voorspellingen van het model aanpast om gelijke kansen en kalibratie voor de verschillende groepen te garanderen.

Een veelgebruikte aanpak voor kalibratie is isotone regressie of flat scaling. Deze methoden passen de kansen aan om beter overeen te komen met de werkelijke resultaten. Daarnaast kan een optimalisatieroutine worden gebruikt om ervoor te zorgen dat de gekalibreerde voorspellingen voldoen aan de equalised odds-voorwaarde. Dit kan worden bereikt door regularisatietermen in de verliesfunctie op te nemen die de afwijkingen van de foutenpercentages en de kalibratiefouten tussen de groepen minimaliseren.

Een praktisch voorbeeld van de toepassing van gekalibreerde geëgaliseerde kansen is de ontwikkeling van een model om recidivecijfers onder daders te voorspellen. Een standaardmodel kan vertekeningen hebben die ertoe leiden dat bepaalde demografische groepen als hoger risico worden gecategoriseerd. Het gebruik van gekalibreerde geëgaliseerde kansen zorgt ervoor dat de foutenpercentages voor alle groepen gelijk zijn en dat de kansvoorspellingen correct gekalibreerd zijn. Dit maakt eerlijke en nauwkeurige voorspellingen mogelijk, wat leidt tot eerlijkere beslissingen in het rechtssysteem.

De toepassing van gekalibreerde geëgaliseerde kansen brengt een aantal uitdagingen met zich mee. Een van de grootste uitdagingen is de complexiteit van de implementatie, omdat zowel de kansen gekalibreerd moeten worden als de eerlijkheid tussen groepen gewaarborgd moet worden. Dit vereist zorgvuldige afstemming van de modelparameters en mogelijk meer rekenkracht. Bovendien kan de balans tussen eerlijkheid en nauwkeurigheid moeilijk te bereiken zijn omdat er extra beperkingen in de optimalisatie moeten worden opgenomen.

Optie-indeling afwijzen

Reject Option Classification is een techniek voor het verbeteren van eerlijkheid in machine-learning modellen die erop gericht is om voorspellingen aan te passen of te verwerpen in gevallen van grote onzekerheid, vooral wanneer deze voorspellingen zouden kunnen leiden tot oneerlijke uitkomsten voor bepaalde demografische groepen. Deze methode herkent en behandelt situaties waarin het model onzekere of mogelijk bevooroordeelde beslissingen zou kunnen nemen en maakt het mogelijk om dergelijke beslissingen te vermijden of te corrigeren.

Het basisidee achter Reject Option Classification is dat het model in gevallen van grote onzekerheid of potentiele vertekening geen definitieve beslissing neemt, maar in plaats daarvan de voorspelling verwerpt of een alternatieve beslissingsmethode toepast. Dit kan vooral belangrijk zijn als de onzekerheid van het model aangeeft dat de beslissing waarschijnlijk gebrekkig of oneerlijk is voor bepaalde groepen.

De implementatie van de Afwijzingsoptie-indeling bestaat uit verschillende stappen:

- Onzekerheid herkennen: Ten eerste moet het model de onzekerheid in zijn voorspellingen kunnen kwantificeren. Dit kan worden gedaan door onzekerheidsmaten te berekenen zoals de entropie van de voorspellingsverdeling, de variantie van de waarschijnlijkheidsvoorspellingen of andere statistische onzekerheidsindicatoren.

Een hoge onzekerheid geeft aan dat het model niet zeker weet of de voorspelling juist is.

- Definitie van drempelwaarden: Op basis van de onzekerheidsmaten worden drempelwaarden gedefinieerd waarboven een voorspelling wordt verworpen of aangepast. Deze drempelwaarden kunnen worden gekalibreerd zodat ze vooral effectief zijn in gevallen waarin de voorspelling tot oneerlijke resultaten voor bepaalde groepen zou kunnen leiden.
- De voorspelling verwerpen of aanpassen: Als de onzekerheid een bepaalde drempel overschrijdt, kan het model de voorspelling verwerpen en in plaats daarvan een alternatieve beslissingsmethode toepassen. Dit kan betekenen dat de zaak wordt doorgestuurd voor verdere handmatige beoordeling of dat er een conservatieve beslissing wordt genomen die minder risicovol is.

Een praktisch voorbeeld van het gebruik van Reject Option Classification is het verlenen van krediet. In gevallen waarin het model niet zeker weet of het een kredietaanvraag moet goedkeuren of afwijzen, kan het de beslissing afwijzen en de zaak doorsturen voor handmatige beoordeling. Dit is vooral belangrijk als de onzekerheid aangeeft dat de beslissing oneerlijk kan zijn voor bepaalde demografische groepen vanwege vooringenomenheid of onvoldoende gegevens.

Het gebruik van deze techniek heeft verschillende voordelen. Door beslissingen in gevallen van grote onzekerheid te vermijden, wordt de kans op fouten en oneerlijke resultaten verkleind. Dit helpt om de algemene eerlijkheid van het model te verbeteren en het vertrouwen van de gebruiker in de voorspellingen van het model te vergroten. Bovendien maakt Reject Option Classification het mogelijk om moeilijke of gevoelige gevallen gericht te behandelen, wat kan leiden tot een beter gebruik van de beschikbare bronnen.

Er zijn echter ook uitdagingen bij het implementeren van de Reject Option Classification. Een van de grootste uitdagingen is het instellen van geschikte onzekerheidsdrempels. Deze drempelwaarden moeten zorgvuldig worden gekalibreerd om ervoor te zorgen dat ze effectief zijn zonder de prestaties van het model te veel aan te tasten. Bovendien vereist de identificatie en kwantificering van onzekerheid extra berekeningen en kan het de complexiteit van het model vergroten.

Voortdurende monitoring en audits

Het corrigeren van vertekeningen is geen eenmalig proces, maar vereist voortdurende controle en regelmatige audits van de modellen. Dit omvat:

- Controle-instrumenten: Implementeer hulpmiddelen om de prestaties van het model en de eerlijkheidsmetriek tijdens het gebruik continu te controleren. Deze hulpmiddelen kunnen automatische waarschuwingen activeren wanneer verstoringen worden gedetecteerd.

- Regelmatige audits: Systematische beoordelingen van de modellen en hun voorspellingen door interne of externe experts om ervoor te zorgen dat de modellen eerlijk en nauwkeurig blijven werken. Deze audits moeten zowel statistische analyses als kwalitatieve beoordelingen omvatten.
- Feedback loops: Het opzetten van mechanismen waarmee gebruikers feedback kunnen geven op de beslissingen van de AI. Deze feedback kan worden gebruikt om het model voortdurend te verbeteren en potentiële biasproblemen in een vroeg stadium te herkennen en te corrigeren.

Betrokkenheid van belanghebbenden

De betrokkenheid van domeinexperts, ethici en betrokken gemeenschappen is ook cruciaal om ervoor te zorgen dat vooringenomenheid op een alomvattende en ethische manier wordt aangepakt. Door regelmatig te overleggen en feedback te vragen, kan rekening worden gehouden met verschillende perspectieven en zorgen, wat leidt tot robuustere en rechtvaardigere AI.

Het identificeren en corrigeren van vooroordelen in AI-systemen is daarom een complex en continu proces dat verschillende technische en organisatorische maatregelen vereist. Door deze technieken toe te passen en een cultuur van eerlijkheid en transparantie te creëren, kunnen ontwikkelaars en organisaties ervoor zorgen dat hun AI-modellen eerlijke en betrouwbare beslissingen nemen.

Hulpmiddelen en kaders voor vertekeninganalyse

Er zijn verschillende tools en frameworks die speciaal zijn ontworpen om vooroordelen in modellen voor kunstmatige intelligentie en machinaal leren te identificeren, analyseren en minimaliseren. Deze tools bieden ontwikkelaars de benodigde hulpmiddelen om hun modellen te controleren op eerlijkheid en mogelijke vertekeningen te corrigeren.

AI-eerlijkheid 360

AI Fairness 360 (AIF360) is een uitgebreide open-source toolkit ontwikkeld door IBM om eerlijkheid te garanderen tijdens de levenscyclus van modellen voor machinaal leren. Het biedt een verscheidenheid aan metrics om bias te analyseren en verschillende algoritmes om bias te verminderen in de pre-processing, in-processing en post-processing fases.

AIF360 bevat verschillende functies en mogelijkheden om ontwikkelaars en datawetenschappers te ondersteunen bij het identificeren en verminderen van bias in hun modellen. Tot de belangrijkste functies behoren verschillende bias-metrieken, zoals Disparate Impact en Equalised Odds. Met deze statistieken kunnen gebruikers systematisch de eerlijkheid van hun modellen beoordelen en specifieke gebieden identificeren waar oneerlijkheid kan voorkomen.

Daarnaast biedt AIF360 verschillende algoritmen die zijn ontworpen om bias te minimaliseren. Deze algoritmen kunnen worden gebruikt in verschillende fasen van modeltraining en modelontwikkeling. Bij voorbewerking kunnen gegevens zodanig worden getransformeerd dat bestaande vertekeningen worden gereduceerd. Tijdens in-processing wordt bias direct in het trainingsproces aangepakt door algoritmes aan te passen om eerlijkere voorspellingen te krijgen. Tijdens de nabewerking ten slotte kunnen de resultaten worden aangepast om ervoor te zorgen dat de voorspellingen eerlijk blijven, zelfs als de onderliggende modellen vertekeningen vertonen.

Een ander belangrijk kenmerk van AIF360 is de levering van interactieve Jupyter-notebooks en uitgebreide tutorials. Deze bronnen maken het gebruikers gemakkelijk om de verschillende bias-metrieken en mitigatie-algoritmen te begrijpen en te integreren in hun eigen machine learning workflows. De notebooks bieden praktische voorbeelden en stapsgewijze instructies om de implementatie en het gebruik van de AIF360 tools te vergemakkelijken.

Omdat AIF360 is ontwikkeld in Python, kan het naadloos worden geïntegreerd in bestaande workflows voor machinaal leren. Dit maakt het een flexibele en toegankelijke tool voor ontwikkelaars en datawetenschappers die eerlijke en ethische AI-systemen willen ontwikkelen. De op Python gebaseerde structuur van AIF360 maakt het mogelijk om de tools en algoritmes in verschillende stadia van het modelleringsproces te gebruiken, waardoor eerlijkheid in het hele proces wordt gewaarborgd.

Samengevat is AI Fairness 360 een waardevolle toolkit voor het analyseren en beperken van vooroordelen in modellen voor machinaal leren. Met zijn uitgebreide statistieken, algoritmen en ondersteunende bronnen biedt het ontwikkelaars en datawetenschappers de benodigde hulpmiddelen om eerlijke en rechtvaardige AI-systemen te ontwikkelen.

Eerlijkheidsindicatoren

Fairness Indicators is een tool ontwikkeld door Google die ontwikkelaars helpt om eerlijke en verantwoorde modellen voor machinaal leren te maken. Het biedt een eenvoudige, schaalbare en flexibele manier om eerlijkheidsmetingen te berekenen en te evalueren.

Deze tool maakt het mogelijk om de eerlijkheid van verschillende demografische groepen te beoordelen, wat vooral belangrijk is om ervoor te zorgen dat modellen voor machinaal leren geen systematische vooroordelen tegen bepaalde groepen hebben. Door systematisch te analyseren en te beoordelen kunnen ontwikkelaars ervoor zorgen dat hun modellen eerlijke beslissingen nemen, ongeacht factoren zoals geslacht, leeftijd, etniciteit of andere demografische kenmerken.

Een belangrijk kenmerk van Fairness Indicators zijn de visualisatiehulpmiddelen waarmee ontwikkelaars fairness-dashboards kunnen maken. Deze dashboards bieden een intuïtieve en eenvoudig te begrijpen manier om de eerlijkheid van een model te visualiseren en te controleren. Door de eerlijkheidsmetriek te visualiseren, kunnen ontwikkelaars en belanghebbenden snel en effectief vaststellen waar er ongelijkheden kunnen zijn en waar verbeteringen nodig zijn.

Fairness Indicators is speciaal ontworpen voor integratie in TensorFlow-workflows. Het integreert naadloos met TensorFlow Extended (TFX), waardoor ontwikkelaars beoordelingen van eerlijkheid direct in hun bestaande machine learning-pipelines kunnen opnemen. Dit zorgt voor een voortdurende controle en verbetering van de eerlijkheid tijdens het ontwikkelings- en implementatieproces van het model.

Hoewel Fairness Indicators is geoptimaliseerd voor integratie met TensorFlow, ondersteunt het ook andere frameworks. Dit geeft ontwikkelaars de flexibiliteit om de tool in verschillende machine learning-omgevingen te gebruiken, ongeacht de specifieke technologie waaraan ze de voorkeur geven. Deze interoperabiliteit zorgt ervoor dat Fairness Indicators breed toepasbaar is en kan bijdragen aan het verbeteren van eerlijkheid in verschillende contexten.

Samengevat biedt de Fairness Indicators van Google een waardevolle bron voor ontwikkelaars die eerlijke en verantwoorde modellen voor machinaal leren willen maken. Met zijn krachtige tools voor het berekenen en visualiseren van fairness metrics en naadloze integratie met TensorFlow workflows, zorgt het ervoor dat ontwikkelaars systematisch de eerlijkheid van hun modellen kunnen evalueren en verbeteren. Deze functies maken Fairness Indicators een onmisbaar hulpmiddel bij de ontwikkeling van ethische AI-systemen.

Fairlearn

Fairlearn is een open source project van Microsoft dat ontwikkelaars helpt bij het identificeren en oplossen van eerlijkheidsproblemen in hun machine-learning modellen. Deze toolset biedt uitgebreide hulpmiddelen voor het beoordelen en beperken van vooroordelen, waardoor het een belangrijk hulpmiddel is voor het ontwikkelen van eerlijke en ethische AI-systemen.

Een belangrijk kenmerk van Fairlearn zijn de eerlijkheidsmetrieken en algoritmen voor het beperken van vertekeningen. Met deze statistieken kunnen ontwikkelaars systematisch de eerlijkheid van hun modellen beoordelen door verschillende demografische groepen te analyseren en te benadrukken hoe verschillende groepen verschillend kunnen worden behandeld. De algoritmen voor het beperken van vertekeningen bieden specifieke technieken om geïdentificeerde vertekeningen te verminderen of te elimineren. Deze algoritmen kunnen worden toegepast op verschillende stadia van modeltraining om ervoor te zorgen dat de resulterende modellen eerlijk en rechtvaardig zijn.

Een ander belangrijk kenmerk van Fairlearn zijn de visualisatietools die worden gebruikt om eerlijkheidskwesties te illustreren. Met deze visualisaties kunnen ontwikkelaars de resultaten van hun eerlijkheidsanalyses op een intuïtieve en eenvoudig te begrijpen manier presenteren. Door de eerlijkheidsmetriek en de maatregelen om vooroordelen te verminderen grafisch weer te geven, kunnen ontwikkelaars en belanghebbenden snel zien waar ongelijkheden bestaan en hoe effectief de toegepaste corrigerende maatregelen zijn. Deze visuele transparantie is essentieel voor het opbouwen van vertrouwen in de eerlijkheid van modellen en het nemen van geïnformeerde beslissingen over het gebruik ervan.

Fairlearn is compatibel met veelgebruikte machine learning frameworks zoals scikit-learn, wat de integratie in bestaande workflows vergemakkelijkt. Deze compatibiliteit zorgt ervoor dat ontwikkelaars de toolset eenvoudig kunnen opnemen in hun bestaande machine learning-pijplijnen. De naadloze integratie maakt het mogelijk om eerlijkheidsanalyses en strategieën voor het beperken van vooroordelen direct in het ontwikkelproces op te nemen, waardoor continue verbeteringen in de eerlijkheid van modellen worden gegarandeerd.

Omdat Fairlearn op Python is gebaseerd, kan het flexibel worden geïntegreerd in verschillende workflows voor machinaal leren. Deze flexibiliteit maakt het een veelzijdige tool die in verschillende contexten en toepassingsgebieden kan worden gebruikt. Ontwikkelaars kunnen Fairlearn zowel gebruiken om nieuwe modellen te maken als om bestaande modellen te beoordelen en te verbeteren, wat leidt tot een brede toepassing van de toolset.

Over het geheel genomen biedt Fairlearn van Microsoft een uitgebreide oplossing voor het detecteren en herstellen van eerlijkheidsproblemen in machine-learningmodellen. Met zijn krachtige eerlijkheidsmetrieken, algoritmen voor het beperken van vertekeningen en duidelijke visualisatietools zorgt het ervoor dat ontwikkelaars eerlijke en verantwoordelijke AI-systemen kunnen bouwen. Deze functies maken Fairlearn een onmisbare tool in de moderne ontwikkeling van machine learning.

Wat-Als hulpmiddel

Google's What-If Tool is een krachtig hulpmiddel waarmee ontwikkelaars hun modellen grondig kunnen onderzoeken en verschillende scenario's kunnen uitvoeren om de impact op de eerlijkheid te analyseren. Het is bedoeld om de transparantie en begrijpelijkheid van machine learning-modellen te vergroten door interactieve en gebruiksvriendelijke visualisaties te bieden.

Een van de belangrijkste functies van de What-If tool zijn de interactieve visualisaties voor modelevaluatie. Met deze visualisaties kunnen ontwikkelaars intuïtief begrijpen hoe hun modellen werken en hoe ze reageren op verschillende invoergegevens. De grafische weergave van modelresultaten maakt het eenvoudiger om complexe relaties en mogelijke eerlijkheidsproblemen te identificeren en te analyseren. Deze visualisaties zijn vooral nuttig voor het vergelijken van modelprestaties tussen verschillende demografische groepen en het blootleggen van systematische ongelijkheden.

Een andere belangrijke functie van de What-If tool is de mogelijkheid om "what-if" scenario's uit te voeren. Ontwikkelaars kunnen hypothetische veranderingen aanbrengen in de invoergegevens en observeren hoe deze veranderingen de voorspellingen van het model beïnvloeden. Deze functie is zeer waardevol om te begrijpen hoe robuust en eerlijk een model is wanneer bepaalde parameters veranderen. Het geeft een diepgaand inzicht in de gevoeligheid van het model en maakt het mogelijk om potentiële zwakheden en bronnen van vertekening te identificeren en aan te pakken.

De What-If tool ondersteunt modellen die zijn ontwikkeld met TensorFlow en AI Platform, waardoor het naadloos integreert in bestaande ecosystemen van Google. Deze ondersteuning maakt het eenvoudig om de tool te integreren in bestaande machine learning-projecten en modelevaluatie te implementeren in het ontwikkelproces. Ontwikkelaars kunnen hun TensorFlow-modellen direct in de What-If tool analyseren en de resultaten in realtime visualiseren.

Een ander voordeel van de What-If tool is de mogelijkheid om te integreren met Jupyter Notebooks en andere ontwikkelomgevingen. Hierdoor kunnen ontwikkelaars de tool opnemen in hun favoriete werkomgevingen en modelevaluatie en -analyse naadloos integreren in hun bestaande workflows. De flexibiliteit en het gebruiksgemak van de tool maken het een waardevolle toevoeging aan elke machine learning ontwikkelomgeving.

In het algemeen biedt de What-If tool van Google een uitgebreide oplossing voor het onderzoeken en analyseren van modellen voor machinaal leren met een speciale focus op eerlijkheid. De interactieve visualisaties en de mogelijkheid om "what-if" scenario's uit te voeren geven diepgaand inzicht in de werking en eerlijkheid van modellen. De ondersteuning voor TensorFlow en AI Platform en de integratiemogelijkheden in Jupyter Notebooks en andere ontwikkelomgevingen maken het een onmisbare tool voor ontwikkelaars die eerlijke en transparante AI-systemen willen ontwikkelen.

Themis-ML

Themis-ML is een open-source toolkit die gericht is op het detecteren en verminderen van bias in machine learning modellen. Deze toolkit biedt een uitgebreide verzameling tools die specifiek ontworpen zijn om bias te analyseren en te verminderen. Themis-ML is bedoeld voor ontwikkelaars en datawetenschappers die eerlijke en ethische modellen voor machinaal leren willen maken.

Een belangrijk kenmerk van Themis-ML is de ondersteuning van verschillende bias-metrieken en mitigatietechnieken. Met deze bias metrics kunnen gebruikers systematisch de eerlijkheid van hun modellen beoordelen door verschillende demografische groepen te analyseren en ongelijkheden in modelvoorspellingen te identificeren. Door deze statistieken toe te passen, kunnen ontwikkelaars specifiek gebieden identificeren waar hun modellen mogelijk discriminerend zijn.

Naast biasmetrieken biedt Themis-ML ook een reeks technieken om bias te beperken. Deze technieken kunnen in verschillende stadia van het proces van machinaal leren worden gebruikt om ervoor te zorgen dat de resulterende modellen eerlijk en rechtvaardig zijn. De mitigatietechnieken variëren van aanpassingen aan de gegevens voorafgaand aan de modeltraining (pre-processing) tot aanpassingen tijdens het trainingsproces (inprocessing) en post-processing van de modelresultaten. Door deze technieken toe te passen, kunnen ontwikkelaars systematische verstoringen in hun modellen verminderen of elimineren.

Themis-ML is compatibel met het veelgebruikte machine learning framework scikit-learn. Deze compatibiliteit zorgt ervoor dat ontwikkelaars Themis-ML eenvoudig kunnen integreren in hun bestaande scikit-learn workflows. De naadloze integratie maakt het mogelijk om biasanalyse en -mitigatie direct in het ontwikkelproces op te nemen zonder dat daarvoor uitgebreide aanpassingen of extra middelen nodig zijn.

Omdat Themis-ML gebaseerd is op Python, kan het flexibel en eenvoudig geïntegreerd worden in verschillende machine leeromgevingen. Deze flexibiliteit maakt het een veelzijdige tool die gebruikt kan worden in verschillende contexten en toepassingsgebieden. Ontwikkelaars kunnen Themis-ML zowel gebruiken om nieuwe modellen te maken als om bestaande modellen te beoordelen en te verbeteren, waardoor de toolset breed inzetbaar is.

Over het geheel genomen biedt Themis-ML een uitgebreide oplossing voor het detecteren en beperken van bias in machine-learning modellen. Door de ondersteuning van verschillende bias-metrieken en mitigatietechnieken en de compatibiliteit met scikit-learn, zorgt het ervoor dat ontwikkelaars eerlijke en verantwoordelijke AI-systemen kunnen bouwen. De op Python gebaseerde structuur en de eenvoudige integratie in bestaande workflows maken Themis-ML een onmisbare tool in de moderne ontwikkeling van machine learning.

LIME (Local Interpretable Model-agnostic Explanations)

LIME (Local Interpretable Model-agnostic Explanations) is een hulpmiddel voor modelinterpretatie dat ontwikkelaars helpt om de besluitvormingsprocessen van hun modellen voor machinaal leren beter te begrijpen. Het biedt een diepgaande analyse van modelbeslissingen door te laten zien welke kenmerken de beslissingen beïnvloeden. Dit kan ook helpen bij het identificeren en analyseren van vertekeningen.

Een belangrijk kenmerk van LIME is de mogelijkheid om modelbesluiten te verklaren met behulp van lokaal interpreteerbare modellen. LIME benadert de voorspellingen van een complex model lokaal door eenvoudigere, interpreteerbare modellen. Deze lokale modellen bieden een begrijpelijke weergave waarmee ontwikkelaars kunnen zien welke kenmerken in een bepaalde context (d.w.z. in de buurt van een bepaald gegevenspunt) de modelvoorspelling het meest beïnvloeden. Door deze lokale interpretatie kunnen ontwikkelaars begrijpen hoe het model in specifieke gevallen werkt, wat de transparantie en het vertrouwen in modelvoorspellingen vergroot.

Een ander voordeel van LIME is de ondersteuning voor verschillende soorten modellen en gegevens. Het is modelagnostisch, wat betekent dat het compatibel is met verschillende modeltypes, waaronder beslisbomen, neurale netwerken en supportvectormachines. LIME kan ook met verschillende soorten gegevens werken, of het nu gaat om gestructureerde gegevens, tekstgegevens of afbeeldingsgegevens. Deze veelzijdigheid maakt van LIME een uiterst nuttig hulpmiddel in verschillende machine-learning toepassingen.

LIME is gebaseerd op Python en wordt veel gebruikt in de machine learning gemeenschap. De Python-implementatie vergemakkelijkt de integratie in bestaande workflows voor machinaal leren en maakt eenvoudige bediening en toepassing mogelijk. Ontwikkelaars kunnen LIME opnemen in hun analyses om de beslissingslogica van hun modellen te controleren en mogelijke vertekeningen te identificeren. De uitgebreide documentatie en talrijke voorbeelden uit de community ondersteunen gebruikers bij het effectief gebruiken van LIME en het profiteren van de ervaring van anderen.

Samengevat biedt LIME een waardevolle methode voor het interpreteren van modelbeslissingen en het detecteren van bias. De mogelijkheid om complexe modelvoorspellingen te verklaren door middel van lokaal interpreteerbare modellen stelt ontwikkelaars in staat om een beter begrip te krijgen van hoe hun modellen werken. De ondersteuning voor verschillende modeltypes en datasets, en het wijdverbreide gebruik in de op Python gebaseerde machine learning gemeenschap, maken LIME een onmisbaar hulpmiddel voor het ontwikkelen van transparante en eerlijke AI-systemen.

SHAP (SHapley Additive exPlanations)

SHAP (SHapley Additive exPlanations) is een geavanceerd hulpmiddel voor modelinterpretatie gebaseerd op Shapley-waarden. Het ondersteunt ontwikkelaars bij het begrijpen van de bijdragen van individuele kenmerken aan modelbeslissingen. SHAP gebruikt concepten uit de speltheorie om een eerlijke en consistente toewijzing van de invloed van kenmerken op modelvoorspellingen te garanderen.

Een centraal kenmerk van SHAP is de berekening van Shapley-waarden om modelvoorspellingen te verklaren. Shapley-waarden bieden een wiskundig verantwoorde methode om de invloed van elk kenmerk op de voorspelling van een model te kwantificeren. Deze waarden zijn bijzonder nuttig omdat ze niet alleen de bijdrage van elk kenmerk aan de voorspelling weergeven, maar er ook voor zorgen dat de som van de Shapley-waarden van alle kenmerken het verschil tussen de voorspelling en de gemiddelde waarde van de voorspellingen correct weergeeft. Dit maakt een eerlijke verdeling van beïnvloedende factoren mogelijk en helpt ontwikkelaars te begrijpen hoe en waarom een model bepaalde beslissingen neemt.

Daarnaast biedt SHAP krachtige visualisatietools die de interpretatie van de resultaten vergemakkelijken. De visualisaties omvatten overzichtsplots, afhankelijkheidsplots, krachtplots en interactieplots. Deze grafische weergaven helpen om de invloeden van de kenmerken op de modelvoorspellingen intuïtief te begrijpen en om complexe relaties tussen de kenmerken en de modelbeslissingen te herkennen. Vooral de krachtplots bieden een gedetailleerde weergave die laat zien hoe de afzonderlijke kenmerken bijdragen aan een specifieke voorspelling.

SHAP is gebaseerd op Python en compatibel met veel populaire machine learning frameworks zoals scikit-learn, XGBoost, LightGBM, Keras en TensorFlow. Deze compatibiliteit vergemakkelijkt de integratie van SHAP in bestaande workflows voor machinaal leren en stelt ontwikkelaars in staat om modelinterpretatie naadloos te integreren in hun ontwikkelingsproces. De uitgebreide ondersteuning van verschillende raamwerken maakt van SHAP een veelzijdige en flexibele tool die kan worden gebruikt in verschillende toepassingsscenario's.

Samengevat biedt SHAP een nauwkeurige en consistente methode voor modelinterpretatie door Shapley-waarden te berekenen. De visualisatietools van SHAP helpen ontwikkelaars om de resultaten van deze berekeningen op een begrijpelijke en intuïtieve manier te interpreteren. Dankzij de op Python gebaseerde structuur en de brede compatibiliteit met verschillende machine learning frameworks, is SHAP een onmisbaar hulpmiddel voor het maken van transparante en begrijpelijke machine learning modellen. Door SHAP te gebruiken, kunnen ontwikkelaars de besluitvorming van hun modellen beter begrijpen en ervoor zorgen dat hun modellen eerlijk en verantwoordelijk zijn.

DEon (Datasheets voor datasets)

DEon is een hulpmiddel dat is ontwikkeld door het Partnership on AI om ontwikkelaars te helpen bij het maken van systematische documentatie voor hun datasets. Deze zogenaamde "datasheets" bieden een gestructureerde methode voor het vastleggen en visualiseren van belangrijke informatie over datasets, wat een cruciale stap is in het identificeren en vermijden van vertekening.

Een belangrijk kenmerk van DEon is het aanbieden van sjablonen en richtlijnen voor het maken van datasheets. Deze sjablonen helpen ontwikkelaars om alle relevante aspecten van een dataset te documenteren, inclusief de herkomst van de gegevens, de methoden die zijn gebruikt om de gegevens te verwerken en eventuele bekende vertekeningen. Door deze informatie systematisch te documenteren, kunnen ontwikkelaars een beter inzicht krijgen in hun datasets en potentiële bronnen van vertekening in een vroeg stadium identificeren en aanpakken.

DEon ondersteunt de documentatie van de herkomst van gegevensverzamelingen, verwerkingsmethoden en bekende vertekeningen. Dit is vooral belangrijk omdat het transparantie creëert en gedetailleerde traceerbaarheid mogelijk maakt. Door de herkomst en verwerking van de gegevens nauwkeurig vast te leggen, kunnen ontwikkelaars beter begrijpen hoe en waarom bepaalde vertekeningen zijn ontstaan en gerichte maatregelen nemen om deze vertekeningen te minimaliseren.

De DEon-toepassing kan naadloos worden geïntegreerd in het gegevensbeheerproces. Hierdoor kunnen ontwikkelaars het maken en onderhouden van datasheets tot een integraal onderdeel van hun workflow maken, waardoor de datasets continu worden gecontroleerd en gedocumenteerd.

Het effectieve gebruik van tools en frameworks om eerlijkheid en transparantie in modellen voor machinaal leren te garanderen, vereist integratie in bestaande workflows voor machinaal leren. Een typisch proces zou er als volgt uit kunnen zien:

- Datavoorbereiding: Vóór de modellering wordt de dataset gecontroleerd op vertekening met behulp van tools zoals AIF360 of Fairlearn. Er worden voorbewerkingstechnieken voor het opschonen en aanpassen van gegevens gebruikt om vertekening te minimaliseren. DEon wordt gebruikt om uitgebreide datasheets te maken die de herkomst, verwerking en bekende vertekeningen van de gegevens documenteren.

- Modeltraining: Tijdens de training worden in-processing technieken gebruikt om bias te verminderen. Dit kan de implementatie van rechtvaardigheidsbeperkingen inhouden of het gebruik van tegenstrijdige netwerken gericht op het ontwikkelen van eerlijke en evenwichtige modellen.
- Modelevaluatie: Na de training wordt het model geëvalueerd met hulpmiddelen zoals de What-If Tool (WIT), Fairness Indicators of SHAP om ervoor te zorgen dat het eerlijk en onbevooroordeeld is. Deze hulpmiddelen geven een gedetailleerd inzicht in de modelleringsbeslissingen en helpen bij het identificeren en aanpakken van mogelijke bronnen van vertekening.
- Regelmatige controle: Zodra het model is ingevoerd, worden de prestaties voortdurend gecontroleerd en regelmatig geëvalueerd met behulp van de hierboven genoemde hulpmiddelen om ervoor te zorgen dat er geen nieuwe vertekeningen optreden. Deze regelmatige controle is cruciaal om ervoor te zorgen dat het model eerlijk blijft, zelfs onder veranderende omstandigheden.

Door deze tools en frameworks te integreren in het totale proces van machinaal leren, kunnen ontwikkelaars ervoor zorgen dat hun modellen eerlijk, transparant en verantwoord zijn. De systematische toepassing van deze methoden helpt bij het creëren van vertrouwen in AI-systemen en verhoogt de ethische normen bij de ontwikkeling van machinaal leren.

Door deze tools en technieken toe te passen, kunnen ontwikkelaars ervoor zorgen dat hun AI-systemen eerlijk, transparant en betrouwbaar zijn. Dit is cruciaal om het vertrouwen van gebruikers te winnen en de acceptatie van AI-technologieën in de samenleving op de lange termijn te bevorderen.

Transparantie in algoritmen en modellen

Transparantie in algoritmen en modellen is een doorslaggevende factor in het bevorderen van vertrouwen in kunstmatige intelligentie en machinaal leren. Transparantie betekent dat de werking van algoritmen en de besluitvormingsprocessen van modellen begrijpelijk en begrijpelijk zijn voor ontwikkelaars, gebruikers en betrokkenen. Dit vereist een combinatie van technische maatregelen, best practices en organisatorische strategieën. Hier volgen enkele technieken om transparantie in algoritmen en modellen te bevorderen.

Uitlegbare AI (XAI)

Explainable AI heeft als doel de besluitvormingsprocessen van AI-modellen begrijpelijk te maken. Dit omvat de ontwikkeling van modellen en algoritmen die hun beslissingen kunnen uitleggen op een manier die begrijpelijk is voor mensen. Methoden voor verklaarbare AI zijn

De uitleg van modellen in machinaal leren is van cruciaal belang om het vertrouwen in en de acceptatie van deze technologieën in verschillende toepassingen te vergroten. In het volgende worden de methoden LIME, SHAP en model-interne methoden en model maps in meer detail beschreven en vergeleken.

LIME (Local Interpretable Model-agnostic Explanations)

LIME is een techniek die de voorspellingen van willekeurige modellen begrijpelijk wil maken door lokale, interpreteerbare modellen te maken die de beslissingen van een complex model nabootsen in de buurt van een bepaald gegevenspunt. LIME werkt door licht gewijzigde gegevenssets te genereren en de effecten van deze veranderingen op de voorspellingen van het model te observeren. Door een eenvoudig, geïnterpreteerd model, zoals een lineaire regressie, op deze gewijzigde datasets te passen, kan LIME laten zien hoe elk kenmerk bijdraagt aan de voorspelling. Dit geeft een gedetailleerd inzicht in de besluitvormingsprocessen van het model op lokaal niveau.

SHAP (SHapley Additive exPlanations)

SHAP-waarden zijn gebaseerd op principes uit de speltheorie en bieden een consistente methode voor het toewijzen van invloedswaarden voor elk kenmerk op de modelvoorspelling. SHAP-waarden kwantificeren hoeveel elk kenmerk bijdraagt aan het verschil tussen de werkelijke voorspelling en een basislijnvoorspelling door de effecten van alle mogelijke combinaties van kenmerken te analyseren. Deze additieve eigenschap van SHAP maakt een uitgebreide en transparante uitleg van modelvoorspellingen mogelijk omdat het duidelijk de bijdrage van elk kenmerk aan de totale output van het model laat zien.

Model-interne methoden

Transparante modellen

Eenvoudige modellen zoals beslisbomen, lineaire regressiemodellen en regelgebaseerde systemen zijn inherent begrijpelijker en transparanter dan complexe modellen zoals diepe neurale netwerken. Deze intrinsiek transparante modellen geven een duidelijke en intuïtieve interpretatie van de relaties tussen de invoergegevens en de voorspellingen. Beslisbomen visualiseren bijvoorbeeld de beslissingspaden die het model neemt om tot een bepaalde voorspelling te komen, waardoor de logica van het model eenvoudig te begrijpen is.

Aandachtsmechanismen

In neurale netwerken, vooral in sequentiële modellen zoals RNN's of transformatoren, kunnen aandachtsmechanismen worden gebruikt om de relevante delen van de invoergegevens die bijdragen aan de voorspelling te benadrukken. Deze mechanismen wegen verschillende delen van de inputsequentie op basis van hun relevantie voor de huidige voorspelling. Dit maakt het mogelijk om de focus van het model op specifieke gegevenspunten te visualiseren en te begrijpen welke delen van de invoer het meest bijdragen aan de uitvoer.

Documentatie en communicatie

Model Cards, ontwikkeld door Google AI, bieden gestandaardiseerde documentatie voor ML-modellen. Ze bevatten uitgebreide informatie over de ontwikkeling, reikwijdte, prestatiecijfers en bekende beperkingen van een model. Deze documentatie is bedoeld om transparantie te bevorderen en gebruikers te helpen de sterke en zwakke punten van een model te begrijpen. Door gestructureerde en gedetailleerde informatie te bieden, ondersteunen model cards verantwoord gebruik en vertrouwen in ML-modellen door duidelijkheid te verschaffen over hun functionaliteit en toepassingsbeperkingen.

De keuze van de juiste methode om ML-modellen uit te leggen hangt sterk af van de use case en de specifieke eisen. LIME en SHAP bieden flexibele, modelonafhankelijke benaderingen om de voorspellingen van complexe modellen begrijpelijk te maken. Model-interne methoden zoals transparante modellen en aandachtsmechanismen bieden daarentegen natuurlijke begrijpelijkheid en traceerbaarheid. Model maps vullen deze technische benaderingen aan met uitgebreide documentatie en bevorderen zo de transparantie en het vertrouwen in ML-modellen.

Elk van deze methoden heeft zijn eigen sterke punten en is, afhankelijk van de context en vereisten, anders geschikt om de verklaarbaarheid van modellen te verbeteren en zo hun acceptatie en betrouwbaarheid te vergroten.

Datasheets voor datasets

Transparantie in algoritmen en modellen is essentieel om het vertrouwen in AI-systemen te versterken. Het gebruik van verklaarbare AI-methoden, uitgebreide documentatie, het gebruik van rechtvaardigheidsinstrumenten, technische maatregelen en organisatorische strategieën zijn cruciaal om ervoor te zorgen dat AI-modellen transparant, eerlijk en verantwoord zijn. Deze maatregelen helpen de acceptatie van en het vertrouwen in AI-technologieën te bevorderen en het volledige potentieel ervan ten behoeve van de maatschappij te realiseren.

Datasheets voor datasets, ontwikkeld door het Partnership on AI, worden gebruikt voor het systematisch documenteren van datasets. Ze bevatten informatie over de herkomst van de gegevens, de verzamelmethoden, de verwerkingsstappen en de bekende vertekeningen. Deze transparantie in de gegevensbronnen is cruciaal voor de evaluatie van de kwaliteit van het model.

AI Fairness 360 (AIF360) biedt verschillende meetmethoden voor biasanalyse en algoritmen voor biasvermindering. Door deze tools te gebruiken, kunnen ontwikkelaars ervoor zorgen dat hun modellen eerlijk en onbevooroordeeld zijn. De resultaten van deze analyses moeten worden gedocumenteerd en transparant worden gecommuniceerd. Fairlearn, ontwikkeld door Microsoft, biedt ook tools voor het beoordelen en minimaliseren van bias in machine learning modellen. Het maakt de analyse en visualisatie van eerlijkheidsmetrieken mogelijk, wat bijdraagt aan de transparantie van modelbeslissingen.

Audit trails leggen alle beslissingen en processen vast die plaatsvinden tijdens de ontwikkeling en werking van een AI-model. Deze gegevens kunnen worden gebruikt om te begrijpen hoe en waarom bepaalde beslissingen zijn genomen, wat bijdraagt aan transparantie en controleerbaarheid. Ontwikkelaars moeten ook de architectuur van het model en de gebruikte hyperparameters bekendmaken. Hierdoor kunnen anderen de structuur en functionaliteit van het model beter begrijpen. Door de broncode en algoritmen te publiceren, kunnen ontwikkelaars de transparantie van hun modellen vergroten. Open source projecten stellen de gemeenschap in staat om de algoritmen te beoordelen, te valideren en te verbeteren.

Interdisciplinaire teams die expertise uit verschillende gebieden combineren, zoals datawetenschap, ethiek, recht en domeinkennis, kunnen een breder perspectief bieden op de ontwikkeling en het gebruik van AI-modellen. Deze diversiteit bevordert de transparantie en het begrip van de modellen. Organisaties moeten zorgen voor regelmatige training en bewustwordingsprogramma's om werknemers te informeren over het belang van transparantie, eerlijkheid en verantwoordingsplicht in AI-systemen. Organisaties moeten ethisch beleid en nalevingsprogramma's ontwikkelen en implementeren die de principes van transparantie en eerlijkheid bij de ontwikkeling en het gebruik van AI bevorderen. Dit omvat ook de oprichting van ethische comités die toezicht houden op de naleving van deze richtlijnen.

Transparantie in algoritmen en modellen kan worden bereikt door deze verschillende benaderingen en maatregelen te combineren. Ontwikkelaars en organisaties moeten er voortdurend naar streven om hun werkwijzen te verbeteren en de beginselen van transparantie en eerlijkheid in hun processen te verankeren. Alleen door deze alomvattende inspanningen kan het volledige potentieel van AI-technologieën op verantwoorde wijze en ten voordele van de samenleving worden gerealiseerd.

Het belang van transparantie voor vertrouwen

Transparantie in de ontwikkeling en het gebruik van kunstmatige intelligentie is van fundamenteel belang voor het vertrouwen in deze technologieën. Vertrouwen in AI-systemen ontstaat niet vanzelf; het moet worden opgebouwd door zorgvuldige en weloverwogen maatregelen die ervoor zorgen dat de processen, algoritmen en besluitvormingsmechanismen van AI duidelijk en begrijpelijk zijn voor alle betrokken partijen. Transparantie speelt hierbij een doorslaggevende rol door de basis te leggen voor vertrouwen en acceptatie.

Wanneer gebruikers, ontwikkelaars en het grote publiek niet begrijpen hoe AI-systemen werken, ontstaat er een natuurlijke scepsis. Deze scepsis is vaak het gevolg van onzekerheid en onwetendheid over hoe AI-modellen beslissingen nemen. Zonder een duidelijk begrip van de onderliggende mechanismen en logica blijft er een zekere onvoorspelbaarheid die het vertrouwen ondermijnt. Transparantie helpt deze kloof te dichten door inzicht te geven in de innerlijke werking van AI. Als de processen open zijn en de beslissingen verklaarbaar, voelen gebruikers zich veiliger en hebben ze meer vertrouwen in de technologie.

Een belangrijk aspect van transparantie is de verklaarbaarheid van AI-beslissingen. Explainable AI (XAI) heeft als doel het besluitvormingsproces van modellen begrijpelijk te maken. Dit betekent dat de modellen niet alleen resultaten leveren, maar ook duidelijk maken waarom en hoe deze resultaten zijn bereikt. Als gebruikers de redenen achter een beslissing begrijpen, kunnen ze de juistheid en gepastheid van die beslissing beter beoordelen. Dit is vooral belangrijk op gevoelige gebieden zoals gezondheidszorg, justitie of financiën, waar de impact van AI-beslissingen direct van invloed kan zijn op het leven en welzijn van mensen.

Transparantie bevordert ook verantwoordingsplicht. Als de processen en beslissingen van AI-systemen open zijn, kunnen ontwikkelaars en beheerders ter verantwoording worden geroepen. Dit creëert een mechanisme voor beoordeling en toezicht dat ervoor zorgt dat systemen worden gebruikt volgens ethische en wettelijke normen. De mogelijkheid om AI-beslissingen door onafhankelijke partijen te laten beoordelen en controleren versterkt het vertrouwen in de integriteit en eerlijkheid van de systemen. Zonder deze mogelijkheid zouden verkeerde beslissingen en vooringenomenheid onopgemerkt kunnen blijven, wat het vertrouwen aanzienlijk zou schaden.

De openbaarmaking van modelarchitecturen, algoritmen en gegevenssets is een ander belangrijk onderdeel van transparantie. Wanneer ontwikkelaars hun modellen en de gebruikte gegevensbronnen openbaar maken, maken ze uitgebreide beoordeling en evaluatie door de wetenschappelijke gemeenschap en andere belanghebbenden mogelijk. Dit bevordert niet alleen het vertrouwen, maar draagt ook bij aan de voortdurende verbetering en verdere ontwikkeling van de technologie. Open modellen en gegevens stellen anderen in staat om fouten en zwakke punten te identificeren en suggesties te doen voor optimalisatie. Deze gezamenlijke aanpak versterkt de robuustheid en betrouwbaarheid van AI-systemen.

Transparantie speelt ook een cruciale rol in de perceptie van eerlijkheid. Als gebruikers en betrokken partijen begrijpen hoe beslissingen worden genomen en welke gegevens worden gebruikt, kunnen ze beter beoordelen of de processen eerlijk en onbevooroordeeld zijn. Dit is vooral relevant in contexten waar historische vooroordelen en discriminatie in de gegevens aanwezig kunnen zijn. Door de gegevensverwerkings- en besluitvormingsprocessen openbaar te maken, kunnen ontwikkelaars ervoor zorgen dat hun systemen eerlijk en inclusief zijn. Transparantie maakt het ook mogelijk om vooroordelen in een vroeg stadium te herkennen en aan te pakken voordat ze modelleringsbeslissingen beïnvloeden.

Een ander aspect van transparantie is het duidelijk communiceren en documenteren van de beperkingen en onzekerheden van AI-systemen. Geen enkel model is perfect en het is belangrijk dat de beperkingen en onzekerheden van de technologie openlijk worden gecommuniceerd. Als gebruikers weten op welke gebieden AI onnauwkeurig of onzeker kan zijn, kunnen ze beter geïnformeerde beslissingen nemen over het gebruik en de interpretatie van de resultaten. Deze eerlijke communicatie helpt onrealistische verwachtingen te voorkomen en het vertrouwen in de technologie te vergroten.

Tot slot draagt ook transparantie bij aan de ethische acceptatie van AI. In een wereld waarin ethische overwegingen steeds belangrijker worden, is het van cruciaal belang dat de ethische grondslagen en principes volgens welke AI-systemen worden ontwikkeld en gebruikt, transparant worden gepresenteerd. Dit omvat het bekendmaken van ethische richtlijnen, het naleven van regelgeving op het gebied van gegevensbescherming en het waarborgen dat de systemen het welzijn van gebruikers en de maatschappij als geheel bevorderen. Transparantie op deze gebieden laat zien dat ontwikkelaars en exploitanten hun verantwoordelijkheid nemen en de impact van hun technologie op de samenleving serieus nemen.

Implementatie van beveiligingsprotocollen

De implementatie van beveiligingsprotocollen in kunstmatige intelligentie (AI)-systemen is essentieel om de integriteit, vertrouwelijkheid en beschikbaarheid ervan te garanderen. Beveiligingsprotocollen beschermen AI-systemen tegen verschillende bedreigingen, waaronder cyberaanvallen, geknoei met gegevens en onbevoegde toegang. De volgende aspecten en strategieën bieden een uitgebreide aanpak voor het implementeren van effectieve beveiligingsprotocollen.

Gegevensbeveiliging en -bescherming

Het versleutelen van gegevens, zowel in rust als in transit, is een fundamentele beveiligingsmaatregel. Dit voorkomt ongeautoriseerde toegang en beschermt gevoelige informatie tegen diefstal en misbruik. Symmetrische en asymmetrische versleutelingsmethoden, zoals AES en RSA, bieden robuuste beschermingsmechanismen. Strikte toegangscontrole zorgt ervoor dat alleen geautoriseerde gebruikers toegang hebben tot de gegevens en het AI-systeem. Dit omvat de implementatie van multifactorauthenticatie (MFA), rolgebaseerde toegangscontrole (RBAC) en fijnkorrelige autorisaties. MFA verhoogt de beveiliging door extra authenticatiefactoren te vereisen, zoals biometrie of eenmalige wachtwoorden.

Model- en systeemintegriteit

Regelmatige beveiligingsaudits en penetratietests zijn essentieel voor het identificeren en verhelpen van kwetsbaarheden in AI-systemen. Deze tests moeten worden uitgevoerd door onafhankelijke beveiligingsexperts om ervoor te zorgen dat potentiële aanvalsvectoren worden herkend en beperkt. Versiecontrolesystemen (zoals Git) en gedetailleerde audit trails helpen bij het bijhouden van wijzigingen in de modellen en systeemarchitectuur. Dit vergemakkelijkt de identificatie van wijzigingen en potentiële kwetsbaarheden die worden geïntroduceerd door software-updates of modelaanpassingen.

Bescherming tegen vijandelijke aanvallen

AI-modellen moeten worden getest tegen adversaire aanvallen waarbij kwaadaardige invoer wordt gebruikt om het model te manipuleren. Technieken zoals adversariële training, waarbij het model wordt getraind met opzettelijk verstoorde gegevens, kunnen de robuustheid tegen dergelijke aanvallen vergroten. Systemen voor de detectie van anomalieën kunnen ongebruikelijke activiteiten of invoer identificeren die kunnen duiden op een aanval. Door het monitoren van invoergegevensstromen en modelvoorspellingen kunnen verdachte patronen vroegtijdig worden herkend en kan de juiste actie worden ondernomen.

Veilige ontwikkelingspraktijken

De integratie van beveiligingsoverwegingen in de hele ontwikkelingscyclus is cruciaal. De SDLC (Secure Software Development Life Cycle) omvat het plannen, ontwikkelen, testen, uitrollen en onderhouden van AI-systemen met beveiligingsvereisten in gedachten. Beveiligingstests en dreigingsmodellen moeten in elke fase van de SDLC worden uitgevoerd. Regelmatige codebeoordelingen en statische codeanalyses helpen om gaten in de beveiliging en kwetsbaarheden in de broncode te identificeren. Geautomatiseerde tools zoals SonarQube of Checkmarx kunnen helpen bij het opsporen van beveiligingsproblemen.

Gegevensbescherming en compliance

Naleving van wetten en richtlijnen voor gegevensbescherming zoals de General Data Protection Regulation (GDPR) in de EU of de California Consumer Privacy Act (CCPA) is essentieel. Dit omvat de implementatie van gegevensbeschermingsmaatregelen zoals gegevensminimalisatie, doelbinding en rechten van de betrokkenen. Technieken voor het anonimiseren en pseudonimiseren van persoonlijke gegevens beschermen de privacy van gebruikers. Dit vermindert het risico dat gevoelige informatie wordt gecompromitteerd als er een datalek optreedt.

Voortdurende bewaking en respons bij incidenten

Voortdurende controle van systemen op beveiligingsincidenten is essentieel. SIEM-systemen (Security Information and Event Management) verzamelen en analyseren beveiligingsgebeurtenissen in realtime om bedreigingen snel te identificeren. Een duidelijk omschreven incident response plan zorgt ervoor dat het team voorbereid is op beveiligingsincidenten. Dit plan moet processen bevatten voor het herkennen, beoordelen, indammen en oplossen van beveiligingsincidenten, evenals de communicatie met belanghebbenden.

Training en bewustmaking

Regelmatige training en bewustwordingsprogramma's voor werknemers bevorderen het bewustzijn van beveiligingsrisico's en best practices. Trainingen moeten gericht zijn op onderwerpen als phishing, veilige wachtwoorden en het herkennen van beveiligingsincidenten. Het bevorderen van een beveiligingscultuur binnen de organisatie is cruciaal. Werknemers moeten worden aangemoedigd om potentiële beveiligingsproblemen te melden en actief bij te dragen aan de beveiliging van systemen.

Het implementeren van beveiligingsprotocollen in AI-systemen is een gelaagd en continu proces dat technologische maatregelen, best practices en organisatorische strategieën omvat. Door te zorgen voor gegevensbeveiliging, modelintegriteit, bescherming tegen aanvallen van tegenstanders, naleving van veilige ontwikkelingspraktijken, gegevensbescherming en voortdurende controle kunnen ontwikkelaars en organisaties robuuste en betrouwbare AI-systemen creëren. Deze maatregelen helpen het vertrouwen in AI-technologieën te versterken en een veilig en verantwoord gebruik ervan te bevorderen.

Toekomstperspectieven

Huidige ontwikkelingen in AI-onderzoek naar foutpreventie

De toekomstperspectieven van kunstmatige intelligentie zijn nauw verbonden met de voortdurende vooruitgang in onderzoek en ontwikkeling, met name op het gebied van foutenminimalisering en verbetering van de betrouwbaarheid en eerlijkheid van AI-systemen. De volgende ontwikkelingen en trends laten zien hoe AI-onderzoek is gericht op het minimaliseren van fouten en het verbeteren van de prestaties en betrouwbaarheid van AI-technologieën.

Uitlegbaarheid en transparantie verbeteren

Een centraal aandachtspunt van toekomstig AI-onderzoek is het verbeteren van de verklaarbaarheid en transparantie van AI-modellen. Uitlegbare AI (XAI) wordt steeds belangrijker om de 'black box'-aard van veel AI-systemen te overwinnen. Nieuwe benaderingen en technologieën zijn erop gericht om de besluitvormingsprocessen van AI-modellen begrijpelijker te maken. Dit omvat de ontwikkeling van methoden om beslissingspaden te visualiseren, het geven van gedetailleerde uitleg voor individuele voorspellingen en de implementatie van modellen die intrinsiek begrijpelijk zijn.

Integratie van ethische en juridische aspecten

Naleving van ethische en wettelijke normen wordt steeds belangrijker in AI-onderzoek. Toekomstige ontwikkelingen zijn erop gericht om AI-systemen zo te ontwerpen dat ze niet alleen aan technische eisen voldoen, maar ook rekening houden met ethische overwegingen. Dit omvat het integreren van eerlijkheidsmetrieken, het waarborgen van gegevensbescherming en het rekening houden met ethische richtlijnen bij het ontwikkelen en implementeren van AI-systemen. Het onderzoek richt zich op de ontwikkeling van algoritmen die niet discrimineren en de rechten en privacy van gebruikers respecteren.

Vooruitgang op het gebied van robuustheid en veiligheid

De robuustheid van AI-systemen tegen aanvallen van tegenstanders en onvoorziene invoer is een ander belangrijk onderzoeksgebied. Er worden nieuwe technieken ontwikkeld op het gebied van training door tegenstanders en veiligheidscontroles om modellen beter bestand te maken tegen manipulatie en aanvallen. De voortdurende bewaking en aanpassing van modellen en de implementatie van mechanismen voor de detectie van anomalieën helpen om de veiligheid en betrouwbaarheid van AI-systemen te vergroten.

Ontwikkeling van hybride modellen

Hybride modellen die verschillende AI-technieken combineren zijn een veelbelovende aanpak om fouten te vermijden. Deze modellen maken gebruik van de sterke punten van verschillende methoden om de zwakke punten van individuele benaderingen te compenseren. Hybride modellen kunnen bijvoorbeeld neurale netwerken combineren met regelgebaseerde systemen of statistische methoden om robuustere en nauwkeurigere voorspellingen te doen. Onderzoek op dit gebied is erop gericht om de beste eigenschappen van verschillende technieken te integreren en modellen te ontwikkelen die veelzijdiger en betrouwbaarder zijn.

Geautomatiseerd machinaal leren (AutoML)

AutoML-technieken automatiseren veel van de stappen in het proces van machinaal leren, waaronder modelselectie, hyperparameteroptimalisatie en feature engineering. Deze technologieën helpen menselijke fouten te minimaliseren en de efficiëntie van modelontwikkeling te verhogen. Toekomstige ontwikkelingen in AutoML zijn gericht op het verder optimaliseren van de gehele workflow voor machinaal leren en het verlagen van de drempels voor het gebruik van AI. Door complexe processen te automatiseren, kunnen er sneller en met minder inspanning nauwkeurigere en robuustere modellen worden gemaakt.

Gebruik van gefedereerd leren

Federated learning is een aanpak die het mogelijk maakt om AI-modellen te trainen op gedistribueerde gegevensbronnen zonder de gegevens te centraliseren. Dit verbetert de gegevensbescherming en -beveiliging, omdat gevoelige gegevens niet hoeven te worden overgedragen of gedeeld. Federaal leren helpt ook om de generaliseerbaarheid van modellen te vergroten door het mogelijk te maken om te trainen op diverse en gedecentraliseerde datasets. Toekomstige ontwikkelingen op dit gebied zijn erop gericht om de efficiëntie en schaalbaarheid van gefedereerd leren te verbeteren en nieuwe toepassingen mogelijk te maken.

Verbeterde algoritmen voor biasdetectie en eerlijkheid

De detectie en correctie van bias in AI-modellen blijft een belangrijk onderzoeksgebied. Er worden nieuwe algoritmen en technieken ontwikkeld voor de detectie en beperking van vertekeningen om ervoor te zorgen dat AI-systemen eerlijk en onbevooroordeeld zijn. Deze technieken omvatten voorbewerkingsmethoden om de trainingsgegevens op te schonen, maar ook bewerkings- en nabewerkingsmethoden om de modellen en hun voorspellingen aan te passen. De voortdurende ontwikkeling van deze technologieën zal helpen om de eerlijkheid en rechtvaardigheid van AI-systemen te garanderen.

Gebruik van kwantumcomputers

Kwantumcomputers hebben het potentieel om de prestaties van AI-systemen aanzienlijk te verhogen. Kwantumcomputers kunnen complexe berekeningen en optimalisatieproblemen veel sneller oplossen dan conventionele computers. Onderzoek op het gebied van kwantum machine learning onderzoekt hoe kwantumalgoritmen kunnen worden gebruikt om trainingsprocessen te verbeteren en voorheen onoplosbare problemen op te lossen. Toekomstige ontwikkelingen op dit gebied zouden kunnen leiden tot aanzienlijke verbeteringen in de efficiëntie en nauwkeurigheid van AI-modellen.

Uitbreiding van interdisciplinaire samenwerking

Toekomstig AI-onderzoek zal steeds interdisciplinairder worden en er zullen experts uit verschillende vakgebieden bij betrokken worden, zoals informatica, ethiek, recht, sociologie en economie. Deze samenwerking zal het mogelijk maken om uitgebreidere en holistische benaderingen te ontwikkelen voor de ontwikkeling en implementatie van AI-systemen. Interdisciplinaire teams kunnen verschillende perspectieven en expertise inbrengen om ervoor te zorgen dat AI-technologieën verantwoord en ten voordele van de samenleving worden gebruikt.

De toekomst van AI-onderzoek naar foutpreventie wordt gekenmerkt door een verscheidenheid aan spannende ontwikkelingen en benaderingen. Van het verbeteren van verklaarbaarheid en transparantie tot het integreren van ethische en juridische aspecten en het vergroten van robuustheid en veiligheid, de voortdurende ontwikkeling van AI-technologieën is erop gericht de betrouwbaarheid, eerlijkheid en betrouwbaarheid van AI-systemen te garanderen. Door gebruik te maken van nieuwe technieken zoals hybride modellen, AutoML, gefedereerd leren en kwantumcomputing, en door interdisciplinaire samenwerking te bevorderen, zal het AI-onderzoek innovatieve oplossingen blijven ontwikkelen om fouten te voorkomen en prestaties te verbeteren. Deze vooruitgang zal helpen om het volledige potentieel van AI-technologieën te benutten en een duurzaam en verantwoord gebruik ervan in de samenleving te bevorderen.

Nieuwe benaderingen in gegevensverwerking en modellering

De snelle ontwikkeling van kunstmatige intelligentie en machinaal leren heeft geleid tot een verscheidenheid aan nieuwe benaderingen in gegevensverwerking en modellering. Deze nieuwe methoden zijn gericht op het verbeteren van de efficiëntie, nauwkeurigheid en robuustheid van AI-systemen. Hier volgen enkele van de meest innovatieve benaderingen die momenteel worden ontwikkeld en gebruikt in onderzoek en praktijk.

Overdrachtsleren

Transfer learning is een aanpak waarbij een model dat al is voorgetraind op een grote hoeveelheid gegevens, wordt overgezet naar een specifieke, vaak kleinere taak. Dit maakt het mogelijk om modellen sneller en effectiever te trainen met minder gegevens, omdat het model al basiskenmerken en -structuren heeft geleerd. Transfer learning is vooral nuttig op gebieden waar gelabelde gegevens schaars zijn, zoals medische beeldverwerking.

Zelfgestuurd leren

Zelf-gesuperviseerd leren is een opkomende benadering waarbij modellen leren van ongelabelde gegevens door zelf toezicht te houden op de context van de gegevens. Dit kan worden bereikt door taken zoals het voorspellen van ontbrekende delen van een afbeelding of het volgende woord in een tekst. Self-supervised learning vermindert de afhankelijkheid van grote gelabelde datasets en maakt het mogelijk om gebruik te maken van de enorme hoeveelheden ongelabelde data die beschikbaar zijn.

Leren met een paar schoten

Few-shot learning is gericht op het ontwikkelen van modellen die kunnen leren van slechts een paar voorbeelden. Dit is vooral nuttig in scenario's waar slechts een paar gelabelde gegevenspunten beschikbaar zijn. Technieken zoals meta-leren, waarbij het model leert terwijl jij leert, staan centraal in deze benadering. Few-shot learning maakt het mogelijk om AI-systemen snel aan te passen en in te zetten in nieuwe domeinen.

Generatieve modellen

Generatieve modellen zoals Generative Adversarial Networks (GANs) en Variational Autoencoders (VAEs) zijn in staat om nieuwe gegevenspunten te genereren die lijken op de trainingsgegevens. Deze modellen worden gebruikt in verschillende toepassingen, van het genereren van afbeeldingen tot gegevenssynthese, en helpen de beschikbaarheid en kwaliteit van gegevens te verbeteren. Ze zijn vooral nuttig bij het vergroten van gegevens en het trainen van modellen in omgevingen met weinig gegevens.

Neurale grafieknetwerken (GNN's)

Neurale netwerken voor grafieken zijn gespecialiseerde modellen die ontworpen zijn om te werken met gegevens die kunnen worden voorgesteld als grafieken. Dit is vooral nuttig voor gegevens met complexe relaties, zoals sociale netwerken, moleculaire structuren of verkeersnetwerken. GNN's kunnen de topologie van de gegevens direct modelleren en zo nauwkeurigere en intuïtievere voorspellingen doen.

Versterking leren (RL)

Reinforcement learning, in het bijzonder deep reinforcement learning, heeft opmerkelijke successen geboekt op gebieden zoals games, robotica en autonoom rijden. RL-modellen leren door interactie met hun omgeving en ontvangen beloningen of straffen voor bepaalde acties.

Deze methode is bijzonder effectief voor problemen met sequentiële beslissingen en optimalisatie op lange termijn.

Uitlegbare AI (XAI)

Verklaarbare AI heeft als doel de besluitvormingsprocessen van AI-modellen begrijpelijker te maken. Nieuwe benaderingen in verklaarbare AI omvatten technieken zoals SHAP (SHapley Additive exPlanations) en LIME (Local Interpretable Model-agnostic Explanations), die helpen om de bijdragen van individuele kenmerken aan de voorspellingen van een model te verklaren. XAI is vooral belangrijk voor toepassingen op gereguleerde gebieden waar transparantie en traceerbaarheid cruciaal zijn.

Bayesiaanse methoden

Bayesiaanse methoden integreren onzekerheden in de modelvoorspellingen, wat leidt tot robuustere en betrouwbaardere resultaten. Deze methoden zijn vooral nuttig op gebieden waar onzekerheid en variabiliteit een grote rol spelen, zoals in de geneeskunde of bij financiële voorspellingen. Bayesiaanse netwerken en Gaussische processen zijn voorbeelden van dergelijke benaderingen.

Rand AI

Edge AI verwijst naar de uitvoering van AI-modellen rechtstreeks op apparaten aan de rand van het netwerk, zoals smartphones, IoT-apparaten en sensoren. Dit vermindert de latentie en de noodzaak voor gegevensoverdracht naar gecentraliseerde servers, waardoor de efficientie en veiligheid toenemen. Nieuwe ontwikkelingen op het gebied van modelcompressie en geoptimaliseerde hardwareversnelling maken Edge AI steeds praktischer en krachtiger.

Multimodale modellen

Multimodale modellen combineren gegevens uit verschillende bronnen, zoals tekst, afbeeldingen en audio, om uitgebreidere en nauwkeurigere voorspellingen te doen. Deze modellen zijn vooral nuttig voor complexe toepassingen zoals autonome voertuigen die tegelijkertijd gebruik maken van visuele, auditieve en andere zintuiglijke gegevens. De integratie van verschillende gegevensmodaliteiten maakt het mogelijk om rijkere en meer contextbewuste modellen te ontwikkelen.

Voortdurend leren

Continu leren (of levenslang leren) is een aanpak waarbij AI-modellen voortdurend leren van nieuwe gegevens zonder te vergeten wat ze al geleerd hebben. Dit is vooral belangrijk voor toepassingen die voortdurend evolueren, zoals gepersonaliseerde aanbevelingen of adaptief leren. Technieken voor continu leren helpen het probleem van "catastrofaal vergeten" op te lossen, waarbij een model nieuwe informatie leert maar daarbij oude informatie verliest.

De nieuwe benaderingen in gegevensverwerking en modellering stimuleren de volgende generatie AI-systemen door de efficiëntie, nauwkeurigheid en robuustheid te verbeteren. Deze innovaties helpen de uitdagingen te overwinnen die gepaard gaan met het schalen en toepassen van AI in echte scenario's. Door deze geavanceerde methoden te integreren, kunnen ontwikkelaars en onderzoekers ervoor zorgen dat AI-systemen betrouwbaarder, eerlijker en flexibeler worden, wat uiteindelijk leidt tot een bredere acceptatie en toepassing van AI-technologieën in de maatschappij.

Onderzoeksinitiatieven en -projecten

Onderzoeksinitiatieven en -projecten op het gebied van kunstmatige intelligentie spelen een cruciale rol bij het bevorderen van innovatie en het aanpakken van complexe uitdagingen. Deze initiatieven variëren van academische onderzoeksprogramma's tot industriële consortia en internationale samenwerkingsverbanden en richten zich op verschillende aspecten van AI, zoals machinaal leren, ethiek, verklaarbaarheid en robuustheid.

OpenAI is een toonaangevende onderzoeksorganisatie die zich richt op de ontwikkeling en vooruitgang van veilige en algemene kunstmatige intelligentie (AGI). Een bekend project van OpenAI is GPT (Generative Pretrained Transformer), dat bekend staat om zijn vooruitgang op het gebied van natuurlijke taalverwerking. OpenAI is ook sterk betrokken bij onderzoek naar de veiligheid en ethiek van AI en publiceert regelmatig onderzoeksresultaten en tools die toegankelijk zijn voor de bredere gemeenschap.

Google AI is de onderzoeksafdeling van Google die zich richt op geavanceerde AI en machinaal leren. Belangrijke projecten zijn onder andere TensorFlow, een open source softwarebibliotheek voor machinaal leren, en de ontwikkeling van algoritmen voor zelfrijdende auto's, medische diagnostiek en taalverwerking. Google AI bevordert ook de uitlegbaarheid en eerlijkheid van AI door middel van initiatieven zoals de What-If Tool en Model Cards.

DeepMind, een dochteronderneming van Alphabet, staat bekend om zijn pionierswerk in de toepassing van deep learning en reinforcement learning. Een opmerkelijk project is AlphaGo, dat voor het eerst een menselijke Go-meester versloeg. DeepMind doet ook intensief onderzoek naar toepassingen in de geneeskunde, zoals het gebruik van AI om nierziekten te voorspellen en oogziekten te analyseren.

Het Partnership on AI is een non-profitorganisatie die is opgericht door toonaangevende technologiebedrijven zoals Amazon, Apple, Facebook, Google en Microsoft. Het wil onderzoek en dialoog bevorderen over de ethische, sociale en economische impact van AI. De organisatie ondersteunt projecten en werkgroepen die zich bezighouden met onderwerpen als eerlijkheid, transparantie, uitlegbaarheid en gegevensbescherming bij AI.

AI4EU is een Europees project gefinancierd door de Europese Commissie om een gemeenschappelijk platform voor AI in Europa te creëren. Het project wil onderzoek en innovatie op het gebied van AI ondersteunen en een breed scala aan diensten, tools en gegevens bieden voor onderzoekers, bedrijven en beleidsmakers. AI4EU bevordert ook de samenwerking tussen verschillende actoren in het AI-ecosysteem.

FAIR is de onderzoeksafdeling van Facebook die zich richt op de ontwikkeling van AI-technologieën. De projecten omvatten vooruitgang op het gebied van computervisie, natuurlijke taalverwerking en machinaal leren. FAIR publiceert regelmatig onderzoekspapers en open source tools om de AI-gemeenschap te ondersteunen. Een opmerkelijk project is PyTorch, een open source bibliotheek voor machinaal leren die veel wordt gebruikt.

IBM Research AI is de AI-onderzoeksdivisie van IBM en heeft belangrijke bijdragen geleverd aan de ontwikkeling van AI-technologieën. Watson, IBM's cognitieve computersysteem, is een bekend voorbeeld dat wordt gebruikt op verschillende gebieden zoals gezondheidszorg, financiële dienstverlening en onderwijs. IBM Research AI richt zich ook op de uitlegbaarheid, eerlijkheid en veiligheid van AI-systemen.

Het MIT-IBM Watson AI Lab is een gezamenlijk onderzoeksinitiatief van het Massachusetts Institute of

Technology (MIT) en IBM. Het lab doet onderzoek naar verschillende onderwerpen, waaronder fundamentele vooruitgang in AI, de toepassing van AI in de industrie en het verkennen van de maatschappelijke impact van AI. De samenwerking is erop gericht de grenzen van AI te verleggen en innovatieve oplossingen te ontwikkelen voor echte problemen.

Het Human-Centered AI Initiative van Stanford University bevordert het onderzoek naar en de ontwikkeling van AI-systemen die mensgericht en ethisch verantwoord zijn. Het initiatief onderzoekt de sociale en ethische implicaties van AI en ontwikkelt technologieën die het menselijk welzijn bevorderen. HAI bevordert interdisciplinair onderzoek en samenwerking om de positieve impact van AI op de samenleving te maximaliseren.

Het Alan Turing Institute is het nationale Britse instituut voor datawetenschap en AI. Het bevordert baanbrekend onderzoek op het gebied van machine learning, data science en AI. Het instituut werkt nauw samen met partners uit de industrie en de publieke sector om innovatieve oplossingen te ontwikkelen en de toepassing van AI in verschillende sectoren te bevorderen.

OpenAI heeft aanzienlijke vooruitgang geboekt in multimodaal AI-onderzoek met de projecten DALL-E en CLIP. DALL-E is een model dat realistische beelden kan genereren op basis van tekstbeschrijvingen, terwijl CLIP (Contrastive Language-Image Pretraining) afbeeldingen en tekst op een zodanige manier wil koppelen dat er krachtig visueel gezocht en geïnterpreteerd kan worden. Deze projecten tonen het potentieel van AI om verder te gaan dan afzonderlijke modaliteiten en complexe taken aan te kunnen.

Initiative for the Integration of AI into Society (I-AIM) is een wereldwijd initiatief dat zich richt op de integratie van AI in de samenleving. Het bevordert het onderzoek naar en de ontwikkeling van AI-technologieën die sociale en economische uitdagingen aanpakken. Het initiatief werkt aan projecten die de gezondheidszorg, het onderwijs en het openbaar bestuur willen verbeteren door AI-oplossingen te implementeren en te verspreiden.

Conclusie

Uiteindelijk gaat het erom wat sneller groeit: de kansen of de risico's van kunstmatige intelligentie

Aan de ene kant biedt AI talloze voordelen en mogelijkheden op veel gebieden. In de geneeskunde ondersteunt AI de diagnose en behandeling van ziekten, gepersonaliseerde geneeskunde en de ontwikkeling van nieuwe geneesmiddelen. Door middel van geavanceerde beeldvormingstechnieken en gegevensanalyses leidt AI tot nauwkeurigere diagnoses en efficiëntere behandelplannen. AI helpt ook de productiviteit en efficiëntie in het bedrijfsleven te verhogen door processen te automatiseren en te optimaliseren. Door herhaalbare taken over te nemen, kunnen menselijke werknemers zich concentreren op creatiever en complexer werk. AI helpt ook milieuproblemen op te lossen door patronen te herkennen in grote hoeveelheden gegevens, waardoor hulpbronnen efficiënter worden gebruikt en emissies worden teruggedrongen. In onderwijs en onderzoek vergroot AI de toegang tot kennis en versnelt het wetenschappelijke ontdekkingen. Alledaagse toepassingen zoals gepersonaliseerde aanbevelingen, spraakassistenten en autonome voertuigen verbeteren het gemak en de efficiëntie in het dagelijks leven.

Tegelijkertijd zijn er aanzienlijke risico's en uitdagingen verbonden aan het gebruik van AI. Een groot probleem is de versterking van bestaande vooroordelen en discriminatie wanneer AI-systemen worden getraind op bevooroordeelde gegevens. Dit kan leiden tot oneerlijke beslissingen op gebieden als strafrecht, kredietverlening en werkgelegenheid. Automatisering door AI kan ook leiden tot een aanzienlijk verlies van banen, vooral in sectoren die sterk afhankelijk zijn van routinetaken. Hiervoor zijn uitgebreide strategieën nodig om de betrokken arbeidskrachten om te scholen en bij te scholen. Veiligheidsrisico's als gevolg van sabotage en cyberaanvallen vormen een verdere bedreiging, aangezien kwaadwillende actoren AI kunnen gebruiken om schade aan te richten, hetzij door middel van gerichte aanvallen, desinformatie of andere criminele activiteiten. Veel AI-systemen, vooral die op basis van deep learning, zijn "zwarte dozen" waarvan de besluitvormingsprocessen moeilijk te begrijpen zijn. Dit maakt het moeilijker om AI-beslissingen te traceren en er verantwoording over af te leggen. De ontwikkeling en het gebruik van AI roept ook complexe ethische vragen op, zoals de verantwoordelijkheid voor beslissingen die AI-systemen nemen en de langetermijneffecten op de samenleving.

De mogelijkheden van AI groeien parallel met de risico's en het is moeilijk om een algemene uitspraak te doen over de vraag of de risico's sneller groeien dan de mogelijkheden. Een belangrijk punt is dat de groeisnelheid van risico's en mogelijkheden sterk afhangt van regelgeving, de implementatie van ethische richtlijnen en sociale acceptatie. Door zorgvuldige en doordachte ontwikkeling en het gebruik van veiligheids- en ethische protocollen kunnen veel risico's worden beperkt. Dit vereist echter een proactieve aanpak van de politiek, het bedrijfsleven en de wetenschap. Investeringen in onderzoek om vooroordelen te herkennen en te beperken, de transparantie van AI-systemen te verbeteren en robuuste veiligheidsmaatregelen te ontwikkelen zijn essentieel.

Er kan niet ondubbelzinnig worden gezegd dat de risico's van AI sneller toenemen dan de kansen. Beide ontwikkelen zich snel en parallel. Wat belangrijk is, is dat de maatschappij zowel de kansen als de risico's serieus neemt en gerichte maatregelen neemt om de voordelen van AI te maximaliseren en tegelijkertijd de risico's te minimaliseren. Door verantwoorde innovatie, uitgebreide regelgeving en ethische overwegingen kan een balans worden gevonden die de voordelen van AI benut en de potentiële gevaren ervan beperkt.